Réchauffement climatique
Les solutions

Agir ensemble pour un avenir durable

Frédéric Cheverneuil

International **S**tandard **B**ook **N**umber :
ISBN : 9798386871659
ASIN : B0BZJM9P8T
Dépôt légal : Avril 2023
Bibliothèque nationale de France (BnF)
Conception de la couverture par : Frédéric CHEVERNEUIL

Marque éditoriale : Independently published
Enterprise Services SAS, 7 Impasse du Viaur, 31880 La Salvetat St Gilles
Email : frederic.cheverneuil@enterpriseservices.fr
P7062024

Imprimé sur du papier recyclé

Prix : 9,99 € TTC Broché / 1,99 € TTC eBook

À mes enfants, et les générations qui suivront.

"Le changement ne viendra pas si nous attendons une autre personne ou une autre fois. Nous sommes ceux que nous attendions. Nous sommes le changement que nous cherchons."
Barack Obama

"Nous devons être le changement que nous voulons voir dans le monde."
Mahatma Gandhi

Table des matières

1. Pourquoi ce livre

Je suis profondément inquiet. Chaque jour, les nouvelles nous rappellent que le réchauffement climatique n'est plus une menace lointaine, mais une réalité palpable. Les gouvernements et la société semblent paralysés, comme si la gravité de la crise environnementale qui menace notre planète et notre survie collective n'était pas encore pleinement comprise. Nous assistons à des événements climatiques extrêmes, des migrations massives de populations désespérées, des conflits pour des ressources de plus en plus rares, et une perte de biodiversité alarmante.

En tant qu'individu, je ressens une responsabilité intense. Nous ne pouvons plus attendre passivement que des décisions soient prises au sommet. Nous devons, chacun d'entre nous, agir maintenant. Chaque petit geste compte. Nous avons tous un rôle crucial à jouer dans cette transition vers une économie plus propre et plus durable.

C'est ce sentiment d'urgence et de responsabilité qui m'a poussé à écrire ce livre. Mon but est de fournir des solutions pratiques et réalisables que chacun peut intégrer dans son quotidien pour lutter contre le changement climatique. Je crois fermement que chacun de nous peut faire une différence significative, que ce soit par des gestes simples ou des actions plus ambitieuses.

Je me souviens de la première fois où j'ai

compris l'ampleur de cette crise. C'était lors d'un été

particulièrement chaud, où les vagues de chaleur ont ravagé les cultures. Cette prise de conscience a été un tournant pour moi. Je ne pouvais plus rester spectateur. Nous devons être conscients de notre influence en tant que citoyens. Nous avons le pouvoir de faire entendre notre voix, de pousser nos gouvernements à adopter des mesures plus audacieuses et de prendre nous-mêmes des décisions éclairées.

Dans ce livre, je vais partager des solutions concrètes adaptées à chacun, en fonction de nos capacités et de notre influence. Il est essentiel de comprendre pourquoi nous devons agir maintenant, les conséquences de l'inaction et les opportunités incroyables que la transition vers une économie durable peut offrir.

En partageant mes connaissances et mon expérience, mon espoir est d'inspirer, d'éduquer et de motiver chacun d'entre vous à s'engager et à agir. Si, après avoir lu ces pages, vous ressentez le désir de changer vos habitudes, de vous engager activement dans la cause climatique, alors j'aurai accompli quelque chose de précieux. Cette prise de conscience et ce mouvement vers un avenir plus durable et plus juste dépendent de nous tous.

Nous avons tous un rôle à jouer. Nous avons le pouvoir de faire une différence et de contribuer à créer un avenir plus durable pour nous-mêmes, nos enfants et les générations futures.

2. La situation

Le réchauffement climatique est un phénomène mondial en cours depuis plusieurs décennies, ayant des conséquences majeures sur notre planète. Depuis l'ère préindustrielle, les températures à la surface de la Terre ont augmenté d'environ 1,1 °C en moyenne, avec des variations régionales importantes. Cette hausse de température est principalement due aux émissions de gaz à effet de serre provenant des activités humaines telles que la combustion des énergies fossiles (pétrole, gaz, charbon), l'agriculture et l'élevage, ainsi que la déforestation.

Impacts du réchauffement climatique

Les impacts du réchauffement climatique sont nombreux et variés. Parmi les plus importants, on note :

• **Événements climatiques extrêmes** : Les vagues de chaleur, sécheresses, inondations et tempêtes sont de plus en plus fréquentes et intenses. Ces événements ont des conséquences graves sur les populations, l'agriculture et les écosystèmes, entraînant des pertes économiques et des catastrophes humanitaires.

• **Perturbation des écosystèmes** : Le réchauffement affecte les écosystèmes terrestres et marins, impactant la biodiversité, la productivité des écosystèmes et les services qu'ils fournissent aux populations.

• **Changements dans les régimes de précipitations** : Cela provoque des sécheresses dans certaines régions et des inondations dans d'autres, affectant la disponibilité de l'eau, l'agriculture, la production alimentaire et la sécurité alimentaire.

• **Acidification des océans** : L'augmentation des émissions de CO_2 entraîne une acidification des océans, affectant les organismes marins comme les coraux et les mollusques, et perturbant les chaînes alimentaires et la biodiversité marine.

• **Impact sur la santé humaine** : Le réchauffement affecte la santé humaine par la propagation de maladies vectorielles (comme la malaria et la dengue), les problèmes respiratoires et cardiovasculaires liés à la pollution atmosphérique, et les vagues de chaleur.

• **Déplacements de populations et conflits** : Les impacts comme la pénurie d'eau et la dégradation des terres peuvent entraîner des déplacements de populations et exacerber les tensions entre communautés, voire provoquer des conflits.

• **Incendies de forêt** : Le réchauffement augmente la fréquence et l'intensité des incendies de forêt, avec des conséquences dévastatrices sur les écosystèmes, la qualité de l'air, les infrastructures et les communautés humaines.

• **Hausse du niveau de la mer** : Depuis le début du 20ème siècle, le niveau de la mer a augmenté d'environ 20 cm, et pourrait augmenter de 30 à 110 cm d'ici la fin du siècle si les émissions de GES continuent d'augmenter, menaçant les populations vivant dans les zones côtières.

• **Fonte des glaciers et de la banquise** : Les glaciers et la banquise fondent rapidement, affectant l'élévation du niveau de la mer, les courants océaniques et la biodiversité.

Nécessité de l'action

Pour atténuer les effets du changement climatique, il est nécessaire de réduire les émissions de gaz à effet de serre. Selon les scientifiques du Groupe d'experts intergouvernemental sur l'évolution du climat (GIEC), les émissions doivent être réduites de 40 à 50 % d'ici 2030 par rapport à leur niveau de 2010, et atteindre la neutralité carbone d'ici 2050 pour limiter le réchauffement climatique à 1,5 °C par rapport à l'ère préindustrielle . En 2023, la concentration atmosphérique de CO_2 a atteint 425 parties par million (ppm), soit une augmentation de plus de 48 % par rapport aux niveaux préindustriels .

Les impacts du réchauffement climatique varient selon les régions du monde. Les régions les plus touchées sont celles qui sont les plus vulnérables aux effets du changement climatique, comme les régions arides, les zones côtières, les régions polaires et les régions à haute altitude .

Résumé Synthétique

• **Hausse de température** : +1,1 °C depuis l'ère préindustrielle.

• **Impacts majeurs** : Événements climatiques extrêmes, perturbation des écosystèmes, changements des régimes de précipitations, acidification des océans, impacts sur la santé humaine, déplacements de populations, incendies de forêt, hausse du niveau de la mer, fonte des glaciers et de la banquise.

• **Nécessité de l'action** : Réduire les émissions de GES de 40 à 50 % d'ici 2030, atteindre la neutralité carbone d'ici 2050.

Pour plus d'informations, veuillez consulter les sources suivantes :

- NOAA Climate.gov
- NASA Earth Observatory
- World Meteorological Organization
- Berkeley Earth

3. Les Scénarios face à l'Inaction

Imaginons un monde où l'inaction face au changement climatique persiste. Voici des scénarios réalistes et pessimistes de ce à quoi pourrait ressembler notre planète dans 10, 20, 50 et 100 ans. Ces scénarios se basent sur des projections scientifiques et des tendances actuelles, illustrant les conséquences graves et tangibles d'un manque de mesures immédiates et ambitieuses.

2033 : Prise de conscience

D'ici 10 ans, la Terre montre déjà des signes inquiétants de dégradation climatique. Les anomalies climatiques, autrefois rares, deviennent courantes. Les vagues de chaleur dévastatrices transforment des régions fertiles en déserts arides, ruinant les récoltes et le tourisme. Les ressources en eau, déjà sous pression, se raréfient encore, entraînant des conflits locaux et internationaux pour l'accès à cette ressource vitale.

La Californie, autrefois prospère, fait face à une crise sans précédent. La rationnement de l'eau devient la norme, et l'agriculture, pilier de son économie, s'effondre. Les zones côtières subissent des tempêtes et des inondations de plus en plus violentes, emportant des communautés entières et laissant des cicatrices indélébiles sur le paysage et dans les cœurs.

Les glaciers et les calottes glaciaires fondent à

un rythme alarmant, faisant monter les niveaux de la mer. Des millions de personnes deviennent des réfugiés climatiques, fuyant les zones côtières désormais inhabitées. La biodiversité est en chute libre, les espèces disparaissant à un rythme effréné. Les océans, autrefois riches en vie, deviennent des déserts marins en raison de l'acidification et de la destruction des récifs coralliens. L'économie mondiale, déjà fragile, s'effondre sous le poids des pertes causées par le changement climatique, exacerbant les tensions géopolitiques et les conflits pour les ressources.

2043 : La Terre sous l'emprise - Un avenir incertain

20 ans plus tard, le changement climatique a plongé la planète dans un chaos encore plus profond. Les phénomènes climatiques extrêmes comme les canicules, les sécheresses, les tempêtes et les inondations ravagent le monde avec une fréquence et une violence accrues. Les régions arides connaissent des sécheresses interminables, provoquant des pénuries d'eau et des conflits pour l'accès à l'eau potable.

Les régions côtières sont submergées par la montée des eaux, avec des tempêtes et des inondations devenues monnaie courante. La biodiversité subit des pertes massives, avec près d'un million d'espèces menacées d'extinction. Les écosystèmes marins sont décimés par l'acidification des océans, entraînant la mort des poissons et des coraux.

Les coûts liés aux événements climatiques extrêmes montent en flèche, infligeant des pertes économiques énormes aux entreprises et aux gouvernements. Les migrations climatiques massives déstabilisent les frontières, exerçant une pression croissante sur les ressources et les infrastructures. Des alliances politiques se désintègrent face à l'incapacité de répondre aux besoins croissants des populations touchées.

2073 : L'ère des bouleversements climatiques

En 2073, la situation est catastrophique. Les événements climatiques extrêmes, tels que les vagues de chaleur, les sécheresses, les tempêtes et les inondations, sont devenus la norme, provoquant des pertes économiques monumentales et des déplacements massifs de populations. Les incendies dévastateurs ravagent des forêts entières, détruisant des milliers de maisons et forçant des millions de personnes à fuir leurs foyers.

Les régions côtières sont extrêmement vulnérables à la montée du niveau de la mer, dépassant un mètre par rapport aux niveaux préindustriels. Les vagues de tempête et les inondations côtières se généralisent, obligeant de nombreuses communautés à se déplacer vers des régions plus sûres. La biodiversité continue de souffrir, avec des écosystèmes marins gravement touchés et des terres arables réduites, provoquant des pénuries alimentaires généralisées et des conflits pour les ressources restantes.

2123 : Le Crépuscule du Monde

Un siècle plus tard, les impacts du changement climatique ont atteint des niveaux dévastateurs. Les températures moyennes mondiales ont augmenté de plus de 4 °C, entraînant des impacts catastrophiques sur les écosystèmes et les sociétés humaines. Les sécheresses prolongées, les inondations massives, les tempêtes de catégorie 5 et les vagues de chaleur mortelles deviennent monnaie courante, tuant des millions de personnes.

Les régions côtières sont submergées par une élévation du niveau de la mer de plus de 5 mètres. La biodiversité est décimée, avec la disparition de 70 % des espèces animales et végétales. Les océans deviennent des zones mortes sans vie marine, et les écosystèmes terrestres sont détruits par la déforestation et la désertification.

Les conflits pour l'accès aux ressources naturelles éclatent dans de nombreuses régions du monde, entraînant des guerres et des génocides. Les populations survivantes vivent dans des conditions inhumaines dans des camps de réfugiés, et les gouvernements sont incapables de faire face aux impacts du changement climatique, entraînant l'effondrement de la civilisation industrielle et la montée des sociétés tribales.

Synthèse

Ces scénarios, bien que sombres, sont des avertissements réalistes des conséquences potentielles de l'inaction face au changement climatique. Il est crucial d'agir maintenant pour éviter ces futurs catastrophiques et assurer un avenir durable pour les générations futures.

4. Les causes

L'effet de serre

L'effet de serre est un phénomène naturel qui a été découvert au 19ème siècle. Le physicien français Joseph Fourier est souvent crédité d'avoir découvert l'effet de serre en 1824, lorsqu'il a observé que l'atmosphère terrestre retenait une partie de la chaleur émise par la surface de la Terre. Plus tard, en 1859, le scientifique britannique John Tyndall a découvert que certains gaz, tels que la vapeur d'eau, le dioxyde de carbone (CO_2) et le méthane (CH_4), étaient particulièrement efficaces pour absorber et réémettre la chaleur dans l'atmosphère. Enfin, en 1896, le chimiste suédois Svante Arrhenius a été le premier à montrer que l'augmentation des concentrations atmosphériques de CO_2, résultant de la combustion de combustibles fossiles, pourrait provoquer un réchauffement global.

Principe de l'effet de serre

L'effet de serre est un processus naturel qui permet de maintenir une température moyenne à la surface de la Terre suffisamment élevée pour soutenir la vie. Ce processus implique l'absorption et la réémission de l'énergie thermique par les gaz à effet de serre (GES) présents dans l'atmosphère.

Le Soleil émet de l'énergie sous forme de rayonnement électromagnétique, dont une partie atteint la Terre. Environ 30 % de ce rayonnement est réfléchi dans l'espace par les nuages, les particules atmosphériques et la surface terrestre, tandis que les 70 % restants sont absorbés par l'atmosphère et la surface de la Terre, ce qui les réchauffe.

La surface terrestre réémet ensuite une partie de cette énergie absorbée sous forme de rayonnement infrarouge (IR) à des longueurs d'onde plus longues que celles du rayonnement solaire. Les GES présents dans l'atmosphère absorbent une partie de ce rayonnement IR et le réémettent dans toutes les directions, y compris vers la surface de la Terre. Ce processus réchauffe davantage la surface et l'atmosphère inférieure, créant un effet de serre qui maintient la température moyenne de la Terre à environ 15 °C.

Raisons de l'existence de l'effet de serre

L'effet de serre est principalement causé par la présence de GES dans l'atmosphère. Les principaux GES sont la vapeur d'eau (H_2O), le dioxyde de carbone (CO_2), le méthane (CH_4), le protoxyde d'azote (N_2O) et les gaz fluorés. Chacun de ces gaz à une capacité différente à absorber et réémettre le rayonnement IR, ce qui détermine leur potentiel de réchauffement global (PRG).

Parmi ces GES, la vapeur d'eau est le plus abondant et contribue le plus à l'effet de serre naturel. Cependant, la concentration de vapeur d'eau dans l'atmosphère dépend principalement de la température, ce qui signifie que son augmentation résulte d'un réchauffement préexistant plutôt que d'être une cause directe du réchauffement.

L'effet de serre est un phénomène naturel essentiel à la vie sur Terre. Cependant, les activités humaines ont augmenté les concentrations de GES dans l'atmosphère, amplifiant l'effet de serre et provoquant un réchauffement global. La compréhension approfondie de ce phénomène est cruciale pour mettre en œuvre des mesures efficaces visant à réduire les émissions de GES et à atténuer les impacts du changement climatique.

Les Gaz à Effet de Serre (GES)

Les gaz à effet de serre (GES) sont des gaz qui piègent la chaleur dans l'atmosphère et contribuent ainsi à augmenter la température de la Terre. Les principaux GES sont le dioxyde de carbone (CO_2), le méthane (CH_4), le protoxyde d'azote (N_2O) et les gaz fluorés (HFC, PFC, SF_6). Les émissions de ces gaz sont principalement causées par l'utilisation de combustibles fossiles, la production industrielle, l'agriculture et la déforestation.

Outre les émissions de gaz à effet de serre, d'autres facteurs influencent également le climat. Les changements dans l'orbite terrestre, l'activité solaire, les éruptions volcaniques et les processus océaniques peuvent tous contribuer à des changements climatiques à long terme. Cependant, ces facteurs sont généralement considérés comme secondaires par rapport aux émissions de gaz à effet de serre produites par l'activité humaine.

Le dioxyde de carbone (CO2)

Le CO2, ou dioxyde de carbone, est un gaz incolore, inodore et non inflammable qui se trouve naturellement dans l'atmosphère terrestre. Il est composé d'un atome de carbone et de deux atomes d'oxygène (CO2). Le CO2 est produit par divers processus naturels et anthropiques, notamment la respiration des êtres vivants, la décomposition de la matière organique et les éruptions volcaniques.

Bien que le CO2 soit un composant naturel de l'atmosphère, sa concentration a augmenté de manière significative depuis la révolution industrielle en raison des activités humaines, notamment la combustion de combustibles fossiles et la déforestation. L'augmentation de la concentration de CO2 dans l'atmosphère contribue au réchauffement climatique et à l'effet de serre, car il absorbe et réémet le rayonnement infrarouge émis par la surface terrestre.

La combustion de combustibles fossiles, tels que le pétrole, le gaz naturel et le charbon, est la principale source d'émissions de CO2. Ces combustibles sont largement utilisés pour la production d'énergie, le transport et la fabrication de produits industriels. Depuis la révolution industrielle, les émissions de CO2 ont augmenté de façon spectaculaire, atteignant un niveau sans précédent dans l'histoire de l'humanité.

Le méthane (CH4)

Le CH4, ou méthane, est un gaz incolore, inodore et inflammable qui est le composant principal du gaz naturel. Il est composé d'un atome de carbone et de quatre atomes d'hydrogène (CH4). Le méthane est produit par divers processus naturels et anthropiques. Les sources naturelles incluent les zones humides, les termites et les hydrates de méthane océaniques.

Le méthane est un GES encore plus puissant que le CO2, bien qu'il soit présent en quantités beaucoup plus faibles dans l'atmosphère. Les principales sources de méthane sont l'agriculture (élevage de bovins et de moutons, riziculture) et l'extraction de combustibles fossiles. Les émissions de méthane ont augmenté de plus de 150% depuis la révolution industrielle.

Les gaz fluorés

Les gaz fluorés sont un groupe de gaz à effet de serre composés de fluor et d'autres éléments, tels que le carbone, l'hydrogène, le chlore et l'azote. Ils sont souvent utilisés dans des applications industrielles, commerciales et domestiques.

Les gaz fluorés sont principalement utilisés dans les systèmes de climatisation et de réfrigération, ainsi que dans la production de matériaux isolants. Bien que les émissions de gaz fluorés soient beaucoup plus faibles que les autres GES, leur potentiel de réchauffement climatique est extrêmement élevé.

Le protoxyde d'azote (N2O)

Le N2O, ou oxyde nitreux, est un gaz à effet de serre incolore et inodore composé de deux atomes d'azote et d'un atome d'oxygène (N2O). Il est également connu sous le nom de protoxyde d'azote et est parfois utilisé comme anesthésique (sédation) en médecine dentaire et comme gaz hilarant en raison de ses propriétés euphorisantes.

Le N2O est principalement produit par les activités microbiennes dans les sols et les océans, ainsi que par certaines activités humaines, telles que l'agriculture (l'utilisation d'engrais azotés), l'élevage, les processus industriels, la combustion de combustibles fossiles et la gestion des déchets. Le N2O a un potentiel de réchauffement global (PRG) environ 298 fois plus élevé que le dioxyde de carbone (CO2) sur une période de 100 ans, ce qui en fait un contributeur important au changement climatique.

Les émissions de protoxyde d'azote ont augmenté de plus de 20% depuis la révolution industrielle.

Concentrations dans l'atmosphère terrestre

Concentrations de certains gaz à effet de serre dans l'atmosphère terrestre au fil du temps, à partir de données fournies par la NASA et le Groupe d'experts intergouvernemental sur l'évolution du climat (GIEC) :

Période	Concentration CO2 (ppm)	Concentration méthane CH4 (ppb)	Concentration N2O (ppb)
Ère préindustrielle	280	700	270
Années 1950	315	900	290
Années 1980	340	1 400	310
Années 2000	380	1 750	319
Années 2010	400	1 830	329
Années 2020	415	1 875	332

On peut constater une augmentation significative de la concentration de CO2, de CH4 et de N2O depuis l'ère préindustrielle, avec une augmentation rapide depuis les années 1950, lorsque les émissions de gaz à effet de serre ont commencé à augmenter rapidement. La concentration de CO_2 dans l'atmosphère a atteint un niveau sans précédent depuis plus de 800 000 ans et continue d'augmenter rapidement. Ces augmentations de gaz à effet de serre sont considérées comme la cause principale du changement climatique en cours.

L'impact des activités humaines

Émissions de GES : secteurs et activité

Voici un tableau présentant les principales sources d'émissions de gaz à effet de serre (GES) par type d'activité, basé sur des données fournies par le Groupe d'experts intergouvernemental sur l'évolution du climat (GIEC) :

Type d'activité	Gaz à effet de serre émis	Exemples d'émissions	Proportion des émissions totales de GES
Production d'énergie	CO_2, CH_4, N_2O	Combustion de combustibles fossiles, production d'électricité, chauffage	35 %
Industrie	CO_2, CH_4, N_2O, gaz fluorés (HFC, PFC, SF6)	Production de ciment, d'acier, de produits chimiques, utilisation de gaz fluorés dans les équipements de refroidissement	20%
Agriculture, sylviculture et autres utilisations des terres	CO_2, CH_4, N_2O	Fermentation entérique des ruminants, gestion des sols, déforestation, utilisation d'engrais azotés	24%

Transports	CO2, CH4, N2O	Véhicules à moteur (voitures, camions, avions, bateaux)	14%
Gestion des déchets	CH4, N2O	Décomposition des déchets organiques dans les décharges, traitement des eaux usées	3%
Bâtiments résidentiels et commerciaux	CO2, CH4, N2O	Chauffage, climatisation, utilisation d'électricité	6%

On peut constater que les émissions de gaz à effet de serre sont principalement causées par l'utilisation de combustibles fossiles dans le secteur de l'énergie, ainsi que par l'agriculture, qui est une source importante de méthane et de protoxyde d'azote. L'industrie, la déforestation et la dégradation des sols, ainsi que le transport, sont également des sources importantes d'émissions de gaz à effet de serre.

Les proportions d'émissions de GES peuvent varier selon les pays et les régions, en fonction de leurs sources d'énergie, de leur industrie et de leur agriculture.

Comparaison par type d'énergie

Les gaz à effet de serre (GES) produits par les différentes sources d'énergie ont un impact différent sur le climat. Les principales sources d'énergie sont les combustibles fossiles (pétrole, gaz naturel et charbon), les énergies renouvelables (solaire, éolien, hydraulique, géothermique) et l'énergie nucléaire. Voici un tableau comparatif de l'impact des GES par type d'énergie :

Type d'énergie	Émissions de CO2 (kg CO2e/MWh)	Émissions de CH4 (kg CO2e/MWh)	Émissions de N2O (kg CO2e/MWh)
Charbon	960	0,05	0,02
Pétrole	740	0,01	0,02
Gaz naturel	490	0,00	0,00
Énergie solaire	6	0,00	0,00
Énergie éolienne	12	0,00	0,00
Énergie hydraulique	24	0,00	0,00
Énergie géothermique	45	0,00	0,00
Énergie nucléaire	16	0,00	0,00

Les valeurs de ce tableau proviennent de diverses sources, telles que des études scientifiques, des rapports gouvernementaux, des organismes internationaux et des rapports d'entreprises énergétiques. Les émissions de gaz à effet de serre peuvent varier en fonction des technologies utilisées, de la qualité des combustibles et des pratiques de gestion, ainsi que des conditions environnementales. Les valeurs présentées dans ce tableau sont donc des estimations générales basées sur des moyennes, qui peuvent varier selon les situations spécifiques.

On peut constater que les combustibles fossiles ont un impact beaucoup plus important sur le climat que les énergies renouvelables et l'énergie nucléaire. Le charbon est la source d'énergie la plus polluante, produisant plus de 10 fois plus de CO_2 par unité d'énergie produite que l'énergie solaire ou éolienne. Le gaz naturel émet moins de CO_2 que le charbon ou le pétrole.

En revanche, les énergies renouvelables et l'énergie nucléaire ont des émissions de GES beaucoup plus faibles que les combustibles fossiles. Les émissions de GES de ces sources d'énergie proviennent principalement de leur cycle de vie, c'est-à-dire de la fabrication, du transport et de l'installation des équipements nécessaires à leur production d'énergie. Cependant, ces émissions sont relativement faibles par rapport aux émissions des combustibles fossiles et peuvent être réduites grâce à une meilleure gestion des processus de fabrication et de transport.

Il est essentiel de réduire l'utilisation des combustibles fossiles pour limiter l'impact des GES sur le climat. Les énergies renouvelables et l'énergie nucléaire offrent des alternatives plus propres et plus durables pour la production d'énergie, mais leur adoption nécessite des investissements importants dans l'infrastructure et les technologies nécessaires.

5. Les solutions pour tous

Le changement climatique est l'un des plus grands défis auxquels l'humanité est confrontée aujourd'hui

Cependant, il existe des solutions pour réduire les émissions de gaz à effet de serre et limiter les effets du changement climatique. Les technologies et les pratiques émergentes dans les domaines de l'énergie, de l'agriculture, de l'industrie, des transports et de la gestion des déchets peuvent aider à réduire les émissions de gaz à effet de serre et à préserver la planète pour les générations futures.

Dans ce chapitre, nous explorerons certaines des solutions clés pour réduire les émissions de gaz à effet de serre et atténuer les effets du changement climatique. Nous discuterons de l'importance de la transition vers les énergies renouvelables, telles que l'énergie solaire, éolienne et hydraulique, ainsi que des avantages de l'efficacité énergétique et de l'utilisation de technologies propres dans les secteurs de l'industrie et du transport, de l'agriculture durable, de la gestion des déchets et de la conservation des forêts pour réduire les émissions de gaz à effet de serre et préserver la biodiversité.

Les énergies renouvelables

Le secteur de l'énergie est responsable d'environ 60 % des émissions de gaz à effet de serre (GES) à l'échelle mondiale, principalement en raison de la combustion des combustibles fossiles (charbon, pétrole, gaz naturel) pour produire de l'électricité, de la chaleur et du carburant. C'est pourquoi la transition vers les énergies renouvelables est considérée comme l'une des solutions les plus efficaces pour réduire les émissions de GES et atténuer les effets du changement climatique.

Les énergies renouvelables sont des sources d'énergie ne s'épuisent pas à l'échelle humaine.

L'énergie solaire

L'énergie solaire, une ressource inépuisable et propre, a le potentiel de transformer radicalement notre façon de produire et de consommer l'énergie. Des origines anciennes de l'utilisation de l'énergie solaire aux technologies modernes d'exploitation, voici un voyage fascinant qui explore l'histoire, le développement et les applications de l'énergie solaire.

L'histoire de l'énergie solaire remonte à plusieurs millénaires. Les civilisations anciennes, comme les Grecs, les Égyptiens et les Romains, comprenaient déjà l'importance du soleil et utilisaient son énergie à des fins diverses. Dans l'antiquité, les anciens Grecs et Romains utilisaient l'énergie solaire passive pour chauffer leurs bâtiments. Ils construisaient leurs maisons avec des fenêtres orientées vers le sud pour maximiser l'exposition au soleil en hiver. Les Égyptiens, quant à eux, utilisaient la lumière du soleil pour sécher les vêtements et les aliments, une technique qui est encore utilisée aujourd'hui dans de nombreuses régions du monde. Au XVIe siècle, L'inventeur et astronome italien Leonardo da Vinci a conçu des miroirs concaves pour concentrer l'énergie solaire et produire de la chaleur, une idée qui préfigurait les centrales solaires thermiques modernes. La première cellule photovoltaïque a été inventée en 1839 par le physicien français Alexandre Edmond Becquerel, qui a découvert que certains matériaux pouvaient générer de l'électricité lorsqu'ils étaient exposés à la lumière du soleil. Cette découverte a jeté les bases du développement des panneaux solaires modernes.

Aujourd'hui, l'énergie solaire est exploitée à l'aide de diverses technologies qui permettent de convertir la lumière du soleil en électricité ou en chaleur.

Photovoltaïque : Les panneaux solaires photovoltaïques (PV) sont constitués de cellules solaires qui convertissent la lumière du soleil en électricité.

Thermique : Les systèmes solaires thermiques utilisent la chaleur du soleil pour chauffer l'eau ou l'air. Ces systèmes sont souvent utilisés pour chauffer les piscines et les bâtiments, réduisant ainsi la consommation d'énergie fossile.

Concentration : Les centrales solaires à

concentration utilisent des miroirs pour concentrer la lumière du soleil sur un récepteur, où la chaleur est convertie en électricité. Ces centrales peuvent générer une grande quantité d'énergie et sont particulièrement adaptées aux régions très ensoleillées.

Énergie solaire intégrée au bâtiment (BIPV) : La technologie BIPV (Building Integrated Photovoltaics) consiste à intégrer des panneaux solaires dans les éléments de construction d'un bâtiment, tels que les façades, les fenêtres ou les toitures. Cette intégration permet de générer de l'électricité tout en améliorant l'esthétique et la fonctionnalité du bâtiment.

L'énergie solaire est l'une des ressources renouvelables les plus prometteuses et les plus accessibles pour lutter contre le réchauffement climatique et assurer un avenir énergétique durable. Au fil des siècles, l'humanité a appris à exploiter cette source d'énergie inépuisable et propre de manière de plus en plus efficace. Les technologies modernes d'exploitation et d'utilisation de l'énergie solaire offrent un potentiel considérable pour réduire notre dépendance aux combustibles fossiles et favoriser un avenir plus respectueux de l'environnement.

L'énergie éolienne

L'énergie éolienne, tout comme l'énergie solaire, est une ressource renouvelable et propre qui offre une alternative aux combustibles fossiles pour la production d'électricité. Depuis des siècles, l'énergie du vent a été utilisée pour diverses applications, des moulins à vent aux voiliers.

L'utilisation de l'énergie éolienne remonte à l'Antiquité, avec l'invention des voiles pour les bateaux et des moulins à vent pour moudre le grain. Voici un bref aperçu de l'évolution de l'énergie éolienne au fil des siècles. Les premières utilisations de l'énergie éolienne remontent à environ 5000 ans, lorsque les Égyptiens utilisaient des voiles pour propulser leurs bateaux sur le Nil. Les anciens Perses ont également utilisé l'énergie éolienne pour moudre le grain et pomper l'eau, en construisant des moulins à vent verticaux. Les premiers moulins à vent ont été construits en Perse (aujourd'hui l'Iran) pour moudre le grain et pomper l'eau. Les moulins à vent se sont ensuite répandus en Europe, où ils ont été largement utilisés pendant le Moyen Âge.

XIXe siècle : Les premières éoliennes pour la production d'électricité ont été développées aux États-Unis et en Europe. Ces éoliennes étaient principalement utilisées pour alimenter les pompes à eau et les systèmes d'éclairage dans les zones rurales.

L'énergie éolienne a connu une croissance rapide au cours des dernières décennies, grâce aux avancées technologiques et à la demande croissante d'énergie propre et renouvelable. Les technologies modernes d'exploitation et d'utilisation de l'énergie éolienne comprennent :

Éoliennes terrestres : Les éoliennes terrestres sont les plus courantes et sont généralement installées en groupes pour former des parcs éoliens. Ces éoliennes convertissent l'énergie cinétique du vent en électricité grâce à des rotors et des générateurs.

Éoliennes en mer : Les éoliennes en mer, ou éoliennes offshores, sont installées au large des côtes et présentent l'avantage de bénéficier de vents plus forts et plus constants que les éoliennes terrestres. Les parcs éoliens offshore ont un potentiel énorme pour la production d'énergie renouvelable à grande échelle.

Éolien domestique : Les éoliennes domestiques, plus petites que les éoliennes commerciales, sont conçues pour être installées sur des propriétés résidentielles et fournir une partie ou la totalité de l'électricité nécessaire à un foyer. Ces systèmes peuvent être connectés au réseau électrique ou fonctionner en autonomie, en combinaison avec des systèmes de stockage d'énergie.

Éolien vertical : Les éoliennes à axe vertical (VAWT) sont une alternative aux éoliennes à axe horizontal traditionnelles. Les VAWT ont des pales qui tournent autour d'un axe vertical, ce qui leur permet de capturer le vent quelle que soit la direction dans laquelle il souffle. Cette technologie est particulièrement adaptée aux zones urbaines et aux sites où les conditions de vent sont variables.

L'énergie éolienne est une ressource renouvelable importante qui a été utilisée par l'humanité depuis des siècles. Les technologies modernes d'exploitation et d'utilisation de l'énergie éolienne offrent un potentiel considérable pour contribuer à un avenir énergétique propre et durable.

L'énergie hydraulique

L'énergie hydraulique est une forme d'énergie renouvelable qui tire parti de la force de l'eau en mouvement pour produire de l'électricité. Depuis des siècles, l'énergie hydraulique a été utilisée par l'humanité pour diverses applications, telles que le meulage du grain, le sciage du bois et l'irrigation.

L'énergie hydraulique a été utilisée par différentes civilisations au fil du temps, avec diverses applications et innovations technologiques. Les premières utilisations de l'énergie hydraulique remontent à l'Antiquité, avec des roues hydrauliques utilisées pour moudre le grain et pomper l'eau dans des civilisations telles que la Mésopotamie, la Grèce antique et la Rome antique. Au Moyen Âge, l'énergie hydraulique a été largement utilisée en Europe pour actionner les moulins à eau, les forges et les scieries. La roue à aubes a été le principal dispositif utilisé pour convertir l'énergie cinétique de l'eau en énergie mécanique. L'énergie hydraulique a connu un essor important avec l'invention de la turbine hydraulique au XIXe siècle et la construction de grands barrages hydroélectriques au XXe siècle, permettant la production d'électricité à grande échelle à partir de l'énergie de l'eau.

Aujourd'hui, plusieurs technologies sont utilisées pour exploiter l'énergie hydraulique et produire de l'électricité à partir de cette ressource renouvelable.

Barrages hydroélectriques : Les barrages hydroélectriques sont les plus grandes installations de production d'énergie hydraulique. Ils retiennent l'eau dans un réservoir, créant un dénivelé qui permet de générer de l'énergie cinétique lorsque l'eau s'écoule à travers des turbines.

Centrales au fil de l'eau : Les centrales au fil de l'eau exploitent l'énergie des rivières sans nécessiter la construction de grands barrages ou réservoirs. Elles utilisent des turbines submergées pour convertir l'énergie cinétique du courant en électricité.

Énergie marémotrice : L'énergie marémotrice tire parti des marées pour produire de l'électricité. Des barrages spécifiques sont construits dans les estuaires, avec des turbines qui génèrent de l'électricité lorsque l'eau s'écoule à l'intérieur et à l'extérieur du barrage pendant les marées montantes et descendantes.

Énergie hydrolienne : L'énergie hydrolienne utilise les courants océaniques pour produire de l'électricité. Des turbines hydroliennes submergées sont placées dans des zones à fort courant, convertissant l'énergie cinétique des courants marins en électricité.

Énergie houlomotrice : L'énergie houlomotrice tire parti de l'énergie des vagues pour générer de l'électricité. Des dispositifs flottants ou immergés sont utilisés pour capter l'énergie cinétique et potentielle des vagues, la convertissant ensuite en électricité. Bien que cette technologie soit encore en développement, elle présente un potentiel considérable pour la production d'énergie renouvelable, en particulier dans les régions côtières.

Énergie hydrolienne des courants : L'énergie hydrolienne utilise les courants marins pour produire de l'électricité. Des turbines sous-marines sont placées dans les courants marins et les rivières, capturant l'énergie cinétique de l'eau en mouvement pour générer de l'électricité. Cette technologie est encore en phase de développement, mais elle présente un potentiel important dans les zones où les courants marins sont forts et prévisibles.

Micro-hydroélectricité : Les systèmes micro-hydroélectriques sont de petites installations hydroélectriques qui produisent généralement moins de 100 kW d'électricité. Ces systèmes peuvent être installés dans des ruisseaux ou des rivières de petite taille et sont souvent utilisés pour alimenter des communautés rurales ou des zones reculées hors réseau.

L'énergie hydraulique est une source d'énergie renouvelable qui a été utilisée par l'humanité depuis des millénaires. Les technologies modernes d'exploitation et d'utilisation de l'énergie hydraulique offrent un potentiel considérable pour contribuer à un avenir énergétique propre et durable. La recherche et le développement continuent d'améliorer et de diversifier les technologies liées à l'énergie hydraulique, l'avenir de cette source d'énergie renouvelable est prometteur.

L'énergie géothermique

L'énergie géothermique est une source d'énergie renouvelable qui tire parti de la chaleur naturelle provenant de l'intérieur de la Terre pour produire de l'électricité et chauffer ou refroidir des bâtiments. Cette forme d'énergie propre et durable peut fournir une source d'énergie constante, indépendamment des conditions météorologiques ou du moment de la journée.

L'énergie géothermique a été utilisée par différentes civilisations depuis l'Antiquité pour des applications telles que le chauffage des bâtiments et la cuisson des aliments. Les premières utilisations de l'énergie géothermique remontent à l'Antiquité, lorsque les Grecs et les Romains utilisaient les sources d'eau chaude naturelles pour chauffer les bains publics et les habitations. Les Amérindiens utilisaient également les sources chaudes pour la cuisson et le chauffage. Au XIXe siècle, les premiers systèmes de chauffage géothermique ont été développés pour chauffer les bâtiments et les serres. Le premier bâtiment géothermique moderne a été construit en 1892 à Boise, dans l'Idaho, aux États-Unis, utilisant une source d'eau chaude pour chauffer l'intérieur. Le développement de la technologie de production d'électricité géothermique a commencé au XXe siècle, avec la première centrale géothermique construite en 1904 à Larderello, en Italie. Depuis lors, l'utilisation de l'énergie géothermique pour produire de l'électricité s'est développée dans le monde entier.

Aujourd'hui, l'énergie géothermique est exploitée à l'aide de diverses technologies qui permettent de convertir la chaleur terrestre en électricité et en chaleur pour les bâtiments.

Centrales géothermiques à vapeur sèche : Les centrales géothermiques à vapeur sèche utilisent des puits profonds pour capter la vapeur d'eau provenant de réservoirs géothermiques sous pression. La vapeur est acheminée vers des turbines pour produire de l'électricité.

Centrales géothermiques à vapeur éclair : Les centrales géothermiques à vapeur éclair utilisent des puits profonds pour extraire de l'eau chaude à haute pression des réservoirs géothermiques. L'eau chaude est détendue et transformée en vapeur, qui actionne ensuite des turbines pour générer de l'électricité.

Centrales géothermiques à cycle binaire : Les centrales géothermiques à cycle binaire utilisent un fluide à bas point d'ébullition pour extraire la chaleur de l'eau géothermique. Le fluide s'évapore et actionne une turbine pour produire de l'électricité. L'eau géothermique n'est pas en contact direct avec les turbines, ce qui minimise les problèmes de corrosion et de dépôts minéraux.

Chauffage géothermique : Le chauffage géothermique utilise la chaleur terrestre pour chauffer les bâtiments, généralement en utilisant des pompes à chaleur géothermiques. Les pompes à chaleur géothermiques fonctionnent en extrayant la chaleur du sol ou de l'eau souterraine et en transférant à l'intérieur des bâtiments pour les chauffer. En été, ce processus peut être inversé pour rafraîchir les bâtiments en évacuant la chaleur à l'intérieur du sol.

Applications directes : L'énergie géothermique peut également être utilisée directement pour chauffer l'eau et les espaces, sans la conversion en électricité. Les exemples d'utilisation directe de l'énergie géothermique incluent les bains thermaux, les piscines, les serres, les systèmes de dégivrage et les procédés industriels nécessitant de la chaleur.

L'énergie géothermique est une source d'énergie renouvelable qui a été utilisée par l'humanité depuis des millénaires. La recherche et le développement continuent d'améliorer les technologies liées à l'énergie géothermique, l'avenir de cette source d'énergie renouvelable est prometteur.

L'énergie biomasse

La biomasse est une source d'énergie renouvelable qui provient de la matière organique d'origine végétale ou animale. Elle peut être utilisée pour produire de l'électricité, de la chaleur et des carburants pour les transports. La biomasse est une source d'énergie durable, car elle peut être régénérée rapidement et contribue à réduire notre dépendance aux combustibles fossiles.

L'utilisation de la biomasse remonte à l'aube de l'humanité, où les premières civilisations utilisaient le bois et d'autres matières organiques pour cuire leurs aliments, se chauffer et s'éclairer. Les premières utilisations de la biomasse remontent à la préhistoire, où les êtres humains utilisaient le bois pour faire du feu. Le feu était essentiel pour cuire les aliments, se réchauffer et éloigner les prédateurs. Au cours de l'Antiquité, l'utilisation de la biomasse s'est diversifiée, avec l'utilisation de l'huile d'olive et d'autres matières organiques pour l'éclairage et le chauffage. Les Romains utilisaient également la biomasse pour chauffer leurs bains publics, en brûlant du bois et d'autres déchets organiques. Pendant le Moyen Âge, la biomasse était la principale source d'énergie pour la plupart des populations européennes. Le bois était utilisé pour le chauffage, la cuisine et l'éclairage, tandis que les déchets animaux et végétaux étaient utilisés pour fertiliser les sols.

Aujourd'hui, la biomasse est exploitée à l'aide de diverses technologies pour produire de l'électricité, de la chaleur et des carburants pour les transports.

Combustion directe : La combustion directe est la technique la plus courante pour convertir la biomasse en énergie. Le bois, les résidus agricoles et les déchets solides urbains peuvent être brûlés pour produire de la chaleur et de l'électricité. Les centrales à biomasse utilisent généralement des chaudières à vapeur pour produire de l'électricité à partir de la combustion de la biomasse.

Gazéification : La gazéification est un procédé qui convertit la biomasse solide en gaz combustible, appelé gaz de synthèse ou syngas. Ce gaz peut ensuite être utilisé pour alimenter des turbines à gaz ou des moteurs à combustion interne pour produire de l'électricité.

Méthanisation : La méthanisation est un processus de décomposition anaérobie de la matière organique par des micro-organismes, produisant du biogaz. Le biogaz est constitué principalement de méthane, qui peut être utilisé comme source d'énergie pour produire de l'électricité et de la chaleur, ou comme carburant pour les transports. La méthanisation est souvent utilisée pour traiter les déchets agricoles, les déchets alimentaires et les boues d'épuration.

Production de biocarburants : La biomasse peut être transformée en biocarburants tels que l'éthanol et le biodiesel, qui peuvent être utilisés pour alimenter les véhicules. L'éthanol est généralement produit à partir de cultures énergétiques comme le maïs et la canne à sucre, tandis que le biodiesel est produit à partir d'huiles végétales ou de graisses animales. Les biocarburants de deuxième génération, produits à partir de matières lignocellulosiques (comme la paille, le bois et les résidus agricoles), sont également en développement pour réduire la concurrence entre la production de nourriture et la production d'énergie.

Cogénération : La cogénération, également appelée production combinée de chaleur et d'électricité, est un système qui permet de produire simultanément de l'électricité et de la chaleur à partir de la biomasse. Cette technique améliore l'efficacité énergétique globale et réduit les émissions de gaz à effet de serre.

La biomasse est une source d'énergie renouvelable qui a été utilisée par l'humanité depuis toujours. Les technologies modernes d'exploitation et d'utilisation de la biomasse offrent des solutions durables pour répondre à nos besoins énergétiques et réduire notre dépendance aux combustibles fossiles.

Les énergies renouvelables sont des sources d'énergie propres et durables qui produisent que très peu de GES et pas de polluants atmosphériques nocifs.

Cependant, la transition vers les énergies renouvelables n'est pas sans défis. Les technologies renouvelables ont des coûts initiaux élevés et nécessitent des investissements importants dans l'infrastructure et les réseaux électriques pour une intégration efficace dans le système énergétique. De plus, leur disponibilité peut être affectée par les conditions météorologiques, ce qui nécessite des solutions de stockage de l'énergie pour une utilisation en cas de besoin.

Malgré ces défis, de nombreux pays ont commencé à investir dans les énergies renouvelables pour atteindre leurs objectifs de réduction des émissions de GES et pour construire un avenir énergétique plus durable. L'adoption de politiques de soutien, telles que les tarifs de rachat et les crédits d'impôt, ainsi que les investissements dans la recherche et le développement, ont contribué à réduire les coûts des technologies renouvelables et à augmenter leur accessibilité.

La transition vers les énergies renouvelables est cruciale pour réduire les émissions de GES et lutter contre le changement climatique qui peuvent contribuer à préserver notre planète pour les générations futures.

L'efficacité énergétique

L'amélioration de l'efficacité énergétique dans les bâtiments est un élément crucial pour réduire les émissions de gaz à effet de serre (GES) et lutter contre le changement climatique. Les bâtiments sont responsables d'une part importante de la consommation d'énergie dans le monde, représentant environ 40 % de la consommation totale d'énergie et contribuant pour près de 30 % des émissions mondiales de GES.

L'amélioration de l'efficacité énergétique dans les bâtiments consiste à utiliser moins d'énergie pour fournir les mêmes services énergétiques. Cela peut être réalisé en adoptant des pratiques d'efficacité énergétique, telles que l'isolation des bâtiments, l'amélioration de la ventilation et de l'éclairage, l'installation de systèmes de chauffage et de climatisation plus efficaces, et la mise en place de systèmes de contrôle de l'énergie.

L'efficacité énergétique dans les bâtiments présente de nombreux avantages pour l'environnement, la santé humaine et l'économie. L'amélioration de l'efficacité énergétique peut réduire la consommation d'énergie et les émissions de GES, contribuer à la réduction de la dépendance aux combustibles fossiles, améliorer le confort et la qualité de l'air intérieur, et stimuler la création d'emplois dans le secteur de la construction.

De plus, l'amélioration de l'efficacité énergétique dans les bâtiments peut contribuer à réduire les coûts énergétiques pour les propriétaires et les occupants de bâtiments, tout en augmentant la valeur des biens immobiliers.

Cependant, l'amélioration de l'efficacité énergétique dans les bâtiments nécessite des investissements initiaux pour l'installation de technologies et l'amélioration de l'isolation. Les coûts initiaux peuvent être élevés, mais ils peuvent être rentabilisés à long terme par les économies réalisées sur les coûts énergétiques.

En outre, les politiques publiques, telles que les normes d'efficacité énergétique pour les bâtiments et les programmes de subventions pour l'amélioration de l'efficacité énergétique, peuvent encourager l'adoption de pratiques efficaces dans le secteur de la construction.

L'isolation thermique

L'isolation thermique joue un rôle essentiel dans la réduction de la consommation énergétique des bâtiments.

Depuis l'Antiquité, les êtres humains ont cherché des moyens de se protéger du froid et de la chaleur. Les premières techniques d'isolation thermique étaient simples et utilisaient des matériaux naturels tels que la paille, le bois et la pierre. Les Romains utilisaient déjà des doubles murs avec un espace d'air entre eux pour isoler leurs thermes et leurs villas. Au Moyen Âge, on utilisait des tapisseries et des rideaux pour conserver la chaleur à l'intérieur des châteaux et des maisons.

Au fil du temps, de nombreux matériaux et techniques d'isolation ont été développés pour améliorer l'efficacité énergétique des bâtiments. Parmi les matériaux d'isolation traditionnels, on trouve la laine de verre, la laine de roche, le polystyrène expansé (EPS), le polyuréthane et la cellulose. Ces matériaux sont encore largement utilisés aujourd'hui en raison de leur efficacité et de leur coût relativement bas.

Cependant, des innovations récentes ont conduit à l'émergence de nouveaux matériaux d'isolation plus performants et respectueux de l'environnement, tels que les panneaux isolants sous vide (VIP), l'aérogel, le liège expansé, la laine de bois et la ouate de cellulose. Ces matériaux offrent une meilleure isolation thermique et peuvent être produits à partir de matériaux renouvelables ou recyclés.

Les progrès technologiques ont également amélioré les techniques d'isolation. Par exemple, les logiciels de modélisation thermique permettent de concevoir des bâtiments avec une isolation optimale, tandis que les systèmes de gestion de l'énergie permettent de surveiller et de contrôler la consommation énergétique. Les fenêtres à double et triple vitrage, les matériaux réfléchissants et les barrières radiantes sont également des innovations qui contribuent à l'efficacité énergétique des bâtiments.

L'isolation thermique joue un rôle majeur dans la lutte contre le réchauffement climatique en réduisant la consommation d'énergie des bâtiments et, par conséquent, les émissions de gaz à effet de serre. Une isolation efficace permet de réduire la demande en chauffage et en climatisation, ce qui entraîne une diminution de la consommation d'énergie et des émissions de gaz à effet de serre. Les avancées technologiques et les innovations en matière de matériaux d'isolation offrent des opportunités pour améliorer l'efficacité énergétique des bâtiments.

Matériaux de construction

L'utilisation de matériaux de construction durables et de faible émission de carbone est importante pour réduire le changement climatique car la production de matériaux de construction est une source importante d'émissions de gaz à effet de serre. Selon l'Agence Internationale de l'Energie, la production de ciment, qui est un ingrédient clé du béton, représente environ 8% des émissions mondiales de CO_2.

Pour y parvenir, il existe plusieurs solutions concrètes:

Utilisation de matériaux de construction recyclés : Les matériaux de construction recyclés, tels que les briques et les poutres récupérées, peuvent être utilisés dans les nouveaux projets de construction. Cela réduit la quantité de matériaux neufs nécessaires et réduit ainsi les émissions de GES associées à la production de ces matériaux.

Utilisation de matériaux de construction à faible émission de carbone : Les matériaux de construction à faible émission de carbone, tels que le bois, le bambou et le chanvre, peuvent être utilisés pour remplacer les matériaux traditionnels à forte intensité énergétique, tels que le béton et l'acier.

Utilisation de matériaux de construction à longue durée de vie : Les matériaux de construction à longue durée de vie, tels que la pierre naturelle, peuvent être utilisés pour remplacer les matériaux à durée de vie plus courte, tels que le bois traité chimiquement. Cela réduit la quantité de matériaux nécessaires et réduit ainsi les émissions de GES associées à la production de ces matériaux.

Utilisation de techniques de construction à faible émission de carbone : Les techniques de construction à faible émission de carbone, telles que la construction en bois massif, peuvent être utilisées pour remplacer les techniques de construction traditionnelles. Cela réduit les émissions de GES associées à la production de matériaux de construction et à la construction elle-même.

Les revêtements de sol écologiques : Les revêtements de sol écologiques, tels que le linoléum et le bambou, sont produits à partir de matériaux renouvelables et peuvent être recyclés en fin de vie. Cela réduit la quantité de déchets de construction et réduit la demande de nouveaux matériaux.

Les isolants naturels : Les isolants naturels, tels que la fibre de bois et la laine de mouton, sont des alternatives écologiques aux isolants synthétiques à forte intensité énergétique. Ces matériaux peuvent être recyclés ou compostés en fin de vie.

Les revêtements extérieurs réfléchissants : Les revêtements extérieurs réfléchissants, tels que les toitures blanches, réduisent l'absorption de la chaleur par les bâtiments, ce qui réduit la quantité d'énergie nécessaire pour les refroidir.

Les matériaux de construction biocomposites : Les matériaux de construction biocomposites sont produits à partir de déchets agricoles, tels que la paille, la fibre de chanvre et la fibre de lin. Ces matériaux sont renouvelables, biodégradables et ont une empreinte carbone plus faible que les matériaux traditionnels.

La construction avec des déchets recyclés : La construction avec des déchets recyclés, tels que les briques et les blocs de béton recyclés, réduit la quantité de déchets envoyés en décharge et réduit la demande de nouveaux matériaux.

Les toits verts : Les toits verts sont des toitures

végétalisées qui réduisent l'absorption de la chaleur par les bâtiments, ce qui réduit la quantité d'énergie nécessaire pour les refroidir. Les toits verts peuvent également améliorer la qualité de l'air, réduire l'effet d'îlot de chaleur et fournir des habitats pour la faune.

Les systèmes d'irrigation à faible consommation d'eau : Les systèmes d'irrigation à faible consommation d'eau, tels que les goutte-à-goutte et les arroseurs à haute efficacité, réduisent la quantité d'eau nécessaire pour maintenir les espaces verts et les jardins autour des bâtiments.

Le puits canadien : Le puits canadien, également appelé puits provençal, est un système de ventilation naturelle qui utilise le sol pour réguler la température de l'air entrant dans le bâtiment. L'air entrant est préchauffé en hiver et rafraîchi en été, ce qui réduit la consommation d'énergie nécessaire pour chauffer ou refroidir le bâtiment.

En combinant ces mesures avec celles énumérées précédemment, il est possible de réduire encore davantage l'empreinte carbone des matériaux de construction. En plus de réduire les émissions de GES, ces mesures peuvent également contribuer à créer des bâtiments plus durables et plus résilients, qui peuvent résister aux impacts du changement climatique.

Pour un avenir à faible émission de GES

Dans ce chapitre, nous explorerons des

stratégies concrètes pour nous adapter et réduire efficacement nos émissions de gaz à effet de serre (GES).

L'utilisation de systèmes de chauffage et de climatisation efficaces : Les systèmes de chauffage et de climatisation sont souvent responsables d'une part importante de la consommation d'énergie dans les bâtiments. En utilisant des systèmes de chauffage et de climatisation efficaces, tels que les pompes à chaleur ou les systèmes géothermiques, les bâtiments peuvent réduire leur consommation d'énergie et donc leurs émissions de GES.

La régulation de la température : L'utilisation de thermostats programmables peut aider à réguler la température dans les bâtiments et ainsi réduire la consommation d'énergie. Les thermostats programmables peuvent être programmés pour chauffer ou refroidir le bâtiment selon les horaires de travail ou la présence des occupants.

Les appareils économes en eau : Les appareils économes en eau, tels que les mousseurs, les robinets à faible débit et les pommes de douche économiques, peuvent aider à réduire la consommation d'eau dans les bâtiments. Il s'agit probablement de l'investissement durable le plus rentable, car pour quelques euros, on économise de grandes quantités d'eau. Cela réduit également la quantité d'énergie nécessaire pour produire de l'eau potable et pour traiter les eaux usées.

La ventilation mécanique contrôlée (VMC) double flux : La VMC double flux permet de récupérer la chaleur de l'air vicié évacué pour réchauffer l'air neuf entrant dans le bâtiment. Cela réduit la consommation d'énergie nécessaire pour chauffer l'air entrant dans le bâtiment.

Les systèmes de récupération d'eau de pluie : Les systèmes de récupération d'eau de pluie peuvent être utilisés pour collecter l'eau de pluie et la réutiliser pour les toilettes ou l'irrigation. Cela réduit la consommation d'eau potable et contribue également à réduire la consommation d'énergie nécessaire pour produire de l'eau potable.

Les toits verts : Les toits verts sont une autre solution écologique pour les bâtiments. Les toits verts sont recouverts de végétation, ce qui réduit la température de surface et peut également aider à réduire la consommation d'énergie nécessaire pour chauffer ou refroidir le bâtiment.

Les systèmes de régulation de l'éclairage : Les systèmes de régulation de l'éclairage peuvent aider à réduire la consommation d'énergie liée à l'éclairage dans les bâtiments. Les systèmes de régulation de l'éclairage permettent de réguler l'intensité lumineuse en fonction de la présence des occupants, de la lumière du jour ou de l'heure de la journée.

Les jardins urbains : Les jardins urbains, tels que les toits ou les murs végétaux, peuvent aider à réduire la température de surface et les émissions de GES associées à la production alimentaire. Les jardins urbains peuvent également améliorer la qualité de l'air intérieur et extérieur.

La réduction des fuites d'air : Les fuites d'air dans les bâtiments peuvent entraîner des pertes de chaleur importantes, ce qui augmente la consommation d'énergie. La réduction des fuites d'air dans les bâtiments peut être réalisée par une meilleure étanchéité des portes et des fenêtres, l'installation de rideaux ou de stores isolants et l'utilisation de calfeutrage pour sceller les ouvertures.

Les appareils électroménagers économes en énergie : Les appareils électroménagers, tels que les réfrigérateurs, les lave-linges et les lave-vaisselles, peuvent également contribuer à la consommation d'énergie dans les bâtiments. En utilisant des appareils électroménagers économes en énergie, les bâtiments peuvent réduire leur consommation d'énergie et donc leurs émissions de GES.

En mettant en œuvre ces mesures d'amélioration de l'efficacité énergétique dans les bâtiments, les émissions de GES peuvent être considérablement réduites. Ces mesures peuvent également contribuer à réduire les coûts d'exploitation des bâtiments, améliorer le confort intérieur et contribuer à la lutte contre le changement climatique.

6. Les transports

Les transports sont responsables d'environ 14 % des émissions totales de GES.

Les véhicules électriques

Les véhicules électriques (VE) jouent un rôle clé dans la transition vers une mobilité durable et la lutte contre le réchauffement climatique.

L'histoire des VE remonte au 19e siècle, lorsque les premières voitures électriques ont été développées en Europe et aux États-Unis. Malgré leur popularité initiale, les VE ont perdu du terrain face aux véhicules à moteur à combustion en raison de l'essor de l'industrie pétrolière et des limitations de la technologie des batteries. Depuis les années 1990, les VE connaissent un renouveau grâce aux préoccupations environnementales et aux avancées technologiques.

Les VE utilisent des moteurs électriques alimentés par des batteries pour propulser le véhicule. Ces moteurs sont plus simples et plus efficaces que les moteurs à combustion. Les batteries les plus couramment utilisées sont les batteries lithium-ion, qui offrent une densité énergétique élevée et une longue durée de vie.

Les matériaux légers, tels que l'aluminium, les composites et les plastiques renforcés de fibres, sont souvent utilisés dans la construction des VE pour réduire leur poids et améliorer leur autonomie.

Les VE modernes intègrent diverses technologies pour améliorer leur efficacité, leur confort et leur sécurité. Parmi celles-ci figurent la récupération d'énergie lors du freinage, les systèmes de gestion thermique pour optimiser la performance des batteries, et les systèmes d'info divertissement et de connectivité avancée.

L'impact des VE sur le réchauffement climatique dépend de plusieurs facteurs, notamment l'électricité utilisée pour recharger les batteries et les émissions liées à la production des véhicules et des batteries.

Selon une étude réalisée par l'Agence internationale de l'énergie (AIE), les VE émettent en moyenne 50 % moins de CO_2 que les véhicules à essence sur l'ensemble de leur cycle de vie (production, utilisation et fin de vie). Cependant, cette réduction des émissions varie en fonction de la source d'électricité utilisée pour recharger les batteries. Dans les pays où l'électricité est principalement produite à partir de sources renouvelables, les VE peuvent réduire les émissions de CO_2 de plus de 80 % par rapport aux véhicules à essence.

Le développement des infrastructures de recharge pour véhicules électriques (VE) est essentiel pour soutenir l'adoption à grande échelle de cette technologie et faciliter la transition vers une mobilité durable.

La normalisation des infrastructures de recharge

est cruciale pour assurer l'interopérabilité entre les différents modèles de véhicules électriques et les bornes de recharge. Cela inclut la standardisation des prises, des protocoles de communication et des méthodes de paiement.

Plusieurs organisations internationales, telles que la Commission électrotechnique internationale (CEI) et la Society of Automotive Engineers (SAE), travaillent sur l'élaboration de normes pour les infrastructures de recharge des VE. Ces normes permettent de simplifier l'expérience de recharge pour les usagers et de réduire les coûts de déploiement pour les opérateurs de bornes de recharge.

La régulation des infrastructures de recharge est nécessaire pour garantir un accès équitable, la qualité des services et la sécurité des usagers. Les autorités publiques ont un rôle important à jouer dans la mise en place de régulations adaptées pour encadrer le développement et l'exploitation des infrastructures de recharge.

Parmi les aspects à réguler, on peut citer :

La planification et le déploiement des infrastructures de recharge, notamment en veillant à une répartition équilibrée des bornes de recharge sur le territoire.

La tarification et la transparence des coûts, pour éviter les pratiques anticoncurrentielles et protéger les intérêts des usagers.

La qualité et la fiabilité des services de recharge, en établissant des normes minimales et en contrôlant leur respect.

La concurrence entre les entreprises de gestion de recharge est bénéfique pour stimuler l'innovation et offrir des options variées aux usagers. Toutefois, une régulation du marché est nécessaire pour assurer une concurrence saine et éviter les abus.

Le choix du véhicule électrique

Le choix d'un véhicule électrique est une étape cruciale. L'un des facteurs clés à prendre en compte lors de l'achat d'un véhicule électrique est sa consommation d'énergie, généralement exprimée en kilowattheures (kWh) par 100 kilomètres.

Comparatif de la consommation d'énergie de 10 des véhicules électriques les plus vendus, en kWh/100 km :

Modèle	Consommation (kWh/100 km)
Renault Zoé	13.3
Dacia Spring	12.9
Tesla Model 3	14.7
Nissan Leaf	15.3
BMW i3	13.1
Volkswagen ID.3	14.5
Hyundai Kona Electric	14.3
Kia e-Niro	15.7
Peugeot e-208	15.9
Chevrolet Bolt EV	14.8

*Note : Les valeurs de consommation d'énergie peuvent varier en fonction de facteurs tels que la température extérieure, la conduite et les conditions de la route.

Le poids de la batterie d'un véhicule électrique a un impact significatif sur sa consommation d'énergie. Les batteries plus lourdes augmentent le poids total du véhicule, ce qui entraîne une consommation d'énergie plus élevée pour maintenir la même vitesse et accélération. Par conséquent, il est essentiel de trouver un équilibre entre la capacité de la batterie (et donc l'autonomie) et la consommation d'énergie.

L'autonomie des véhicules électriques est souvent considérée comme un facteur limitant, mais dans la pratique, elle n'est pas nécessairement un problème majeur. La plupart des utilisateurs peuvent charger leur véhicule chaque nuit à leur domicile, ce qui signifie qu'une autonomie modeste suffit pour la majorité des trajets quotidiens. Néanmoins, pour les longs trajets, une plus grande autonomie et un réseau de recharge rapide bien développé sont essentiels.

En milieu urbain, l'accès à une prise de recharge peut être un défi majeur, surtout pour ceux qui vivent dans des appartements ou des zones à forte densité de population où les parkings privés sont rares. Les villes doivent investir dans le développement d'infrastructures de recharge publiques pour faciliter l'adoption des véhicules électriques.

En milieu rural, les conducteurs de véhicules électriques peuvent être confrontés à des distances plus importantes entre les points de recharge, ce qui rend une plus grande autonomie indispensable. Le déploiement de stations de recharge dans les zones rurales et le long des routes principales contribuera à lever cette barrière à l'adoption.

Pour répondre aux besoins spécifiques des conducteurs en milieu urbain et rural, il est important de développer des solutions adaptées à ces deux types d'utilisation. Les véhicules électriques avec des batteries modulables et des options de recharge rapide peuvent être une solution pour les conducteurs en milieu rural. De même, des programmes de partage de véhicules électriques et l'installation de bornes de recharge dans les parkings publics peuvent aider à résoudre les problèmes d'accès aux infrastructures de recharge en milieu urbain.

Le choix d'un véhicule électrique doit prendre en compte plusieurs facteurs, tels que la consommation d'énergie, l'autonomie et les besoins spécifiques liés au lieu de résidence. Les défis de l'adoption des véhicules électriques en milieu urbain et rural doivent être surmontés par le développement d'infrastructures de recharge adaptées et la création de solutions innovantes pour répondre aux besoins des conducteurs dans ces environnements.

Les véhicules électriques constituent une avancée majeure dans la réduction de l'impact du secteur des transports sur le réchauffement climatique. Leur adoption à grande échelle, combinée à une production d'électricité de plus en plus verte, pourrait permettre de réduire considérablement les émissions de GES.

Autres solutions de transports

Les solutions concrètes pour parvenir à cette transition sont nombreuses et peuvent inclure :

Les transports en commun : Les transports en commun, tels que les trains, les bus et les tramways, sont une solution efficace pour réduire les émissions de GES en réduisant le nombre de véhicules sur la route. Les transports en commun peuvent également être alimentés par des sources d'énergie renouvelable pour réduire davantage les émissions de GES.

Les modes de transport actifs : Les modes de transport actifs, tels que la marche, le vélo, le VAE et la trottinette, sont des solutions efficaces pour réduire les émissions de GES en éliminant complètement l'utilisation de combustibles fossiles. Les infrastructures cyclables et piétonnes peuvent également encourager l'utilisation de ces modes de transport.

Le covoiturage : Le covoiturage est une solution efficace pour réduire le nombre de véhicules sur la route et donc les émissions de GES. Les plateformes de covoiturage permettent de mettre en relation des conducteurs et des passagers qui partagent un trajet, ce qui réduit les coûts de transport pour les passagers et contribue à réduire les émissions de GES.

Les véhicules biocarburant : Une voiture à l'E85 est une voiture qui peut fonctionner avec du carburant contenant jusqu'à 85 % d'éthanol, un biocarburant renouvelable produit à partir de matières premières telles que le maïs, la canne à sucre, le blé ou la betterave sucrière.

Les transports à faibles émissions : Les transports à faibles émissions, tels que les véhicules hybrides et les voitures à faible consommation d'essence, peuvent également contribuer à réduire les émissions de GES associées au transport.

La logistique verte : La logistique verte consiste à optimiser les flux de transport de marchandises pour réduire les distances parcourues et donc les émissions de GES. Les entreprises peuvent, par exemple, regrouper les envois de marchandises pour réduire le nombre de véhicules nécessaires et utiliser des véhicules plus propres pour transporter les marchandises.

La mobilité partagée : La mobilité partagée consiste à partager des véhicules pour réduire le nombre de véhicules nécessaires sur la route. Les entreprises peuvent proposer des flottes de véhicules partagés pour les employés ou travailler avec des partenaires pour développer des services de mobilité partagée pour les communautés locales.

En utilisant ces solutions concrètes pour parvenir à une transition vers des modes de transport plus durables, les entreprises et les individus peuvent contribuer à réduire les émissions de GES et lutter contre le changement climatique. Les avantages de cette transition ne se limitent pas seulement à la réduction des émissions de GES, mais peuvent également inclure une réduction de la pollution de l'air, une amélioration de la santé publique et une réduction des coûts de transport pour les individus et les entreprises.

7. Écosystèmes naturels

La conservation et la restauration des écosystèmes naturels sont des mesures importantes pour réduire le changement climatique car ces écosystèmes jouent un rôle clé dans le cycle du carbone et dans la régulation du climat. Voici quelques raisons pour lesquelles la conservation et la restauration des écosystèmes naturels sont importantes :

Le stockage de carbone des plantes

Le stockage de carbone est un processus naturel par lequel les plantes absorbent et emmagasinent du carbone provenant de l'atmosphère sous forme de biomasse. Ce processus est crucial pour maintenir l'équilibre du cycle du carbone sur Terre et pour réguler le climat en limitant la quantité de dioxyde de carbone (CO_2) dans l'atmosphère.

Le processus de stockage du carbone par les plantes commence avec la photosynthèse. Au cours de la photosynthèse, les plantes absorbent le CO_2 de l'atmosphère et, en utilisant l'énergie solaire, le transforment en glucides, qui sont stockés sous forme de biomasse (tiges, feuilles, racines, etc.). Lorsque les plantes meurent et se décomposent, une partie du carbone stocké est libérée dans l'atmosphère, tandis qu'une autre partie est intégrée au sol sous forme de matière organique.

En moyenne, un arbre mature peut absorber

environ 22 kg de CO2 par an. Toutefois, cette valeur peut varier considérablement en fonction des caractéristiques spécifiques de l'arbre.

Comparaison entre les émissions de CO2 des combustibles fossiles et la capacité d'absorption des arbres : La combustion de 1 kg de charbon produit environ 2,5 kg de CO2, tandis que la combustion d'un litre d'essence émet environ 2,3 kg de CO2. Il peut sembler contre-intuitif qu'un kilogramme de charbon puisse produire plus de deux fois son poids en CO2, mais cela est dû à la chimie de la combustion. Lorsque le charbon brûle, il réagit avec l'oxygène (O2) présent dans l'air. Le carbone (C) présent dans le charbon se combine avec l'oxygène pour former du dioxyde de carbone (CO2).

Lors de la combustion, chaque atome de carbone dans le charbon se combine avec deux atomes d'oxygène pour former une molécule de CO2. Ainsi, pour chaque kilogramme de carbone qui brûle, il se combine avec environ 2,67 kg d'oxygène (16x2/12), ce qui donne environ 3,67 kg de CO2.

Cependant, le charbon n'est pas composé entièrement de carbone, il contient également d'autres éléments tels que l'hydrogène, l'azote et le soufre, ainsi que des impuretés. Le contenu en carbone du charbon varie généralement entre 60 % et 90 %, selon la qualité et le type de charbon. En considérant un contenu en carbone d'environ 80 %, la combustion de 1 kg de charbon produirait environ 2,4 kg de CO2 (80 % de 3,67 kg).

Pour compenser ces émissions, il faudrait environ 114 arbres pour absorber le CO2 produit par la combustion d'une tonne de charbon et environ 104 arbres pour absorber le CO2 émis par la combustion de 1 000 litres d'essence.

Il est important de souligner que la plantation d'arbres ne peut pas être considérée comme une solution unique pour compenser les émissions de CO2. Bien que les arbres jouent un rôle crucial dans le stockage du carbone, il est essentiel de réduire les émissions de gaz à effet de serre à la source en optant pour des sources d'énergie plus propres et en améliorant l'efficacité énergétique.

Le stockage de carbone par les plantes est un processus naturel essentiel pour la régulation du climat. Comprendre le rôle des arbres dans le stockage du carbone et la relation entre les émissions de CO2 des combustibles fossiles et la capacité des arbres à les absorber peut nous aider à prendre des décisions éclairées en matière de politiques environnementales et de gestion des forêts. Toutefois, il est crucial de ne pas se contenter de planter des arbres pour compenser les émissions de CO2, mais de s'attaquer aux causes profondes du changement climatique en réduisant notre dépendance aux combustibles fossiles et en investissant dans des technologies d'énergie propre et durable.

Régulation du climat par la nature

La Terre possède des mécanismes naturels de régulation du climat qui contribuent à maintenir un équilibre global et à assurer la stabilité du système climatique. Ces mécanismes sont interconnectés et impliquent des processus complexes qui se déroulent dans l'atmosphère, les océans, la biosphère et la géosphère. Voici quelques-uns des principaux phénomènes naturels qui participent à la régulation du climat sur Terre :

Albédo et rétroaction glace-albédo : L'albédo est la capacité d'une surface à réfléchir la lumière solaire. Les surfaces claires, comme les calottes glaciaires et les nuages, ont un albédo élevé et renvoient une grande partie de la lumière solaire vers l'espace. La rétroaction glace-albédo est un processus dans lequel la fonte des glaces et des neiges diminue l'albédo de la Terre, ce qui entraîne une absorption accrue de la chaleur solaire et un réchauffement supplémentaire. Ce mécanisme de rétroaction peut amplifier les changements climatiques.

Cycle du carbone : Le cycle du carbone est un processus naturel qui implique l'échange de carbone entre l'atmosphère, les océans, les sols et la biosphère. Les plantes absorbent le CO_2 de l'atmosphère pour la photosynthèse, tandis que les animaux et les microorganismes décomposent la matière organique, libérant du CO_2 dans l'atmosphère et les océans. Ce cycle aide à réguler les concentrations atmosphériques de CO2 et à contrôler le climat.

Circulation thermohaline océanique : La circulation thermohaline est un processus de transport de chaleur par les courants océaniques, qui est entraîné par les différences de température et de salinité de l'eau de mer. Ce système de circulation mondiale redistribue la chaleur des régions équatoriales vers les régions polaires, régulant ainsi le climat et les températures à l'échelle mondiale.

Courants atmosphériques et circulation de l'air : Les courants atmosphériques sont des mouvements d'air à grande échelle qui transportent la chaleur et l'humidité d'une région à l'autre. Ces courants sont influencés par la rotation de la Terre et les différences de température entre l'équateur et les pôles. La circulation atmosphérique joue un rôle clé dans la répartition de l'énergie solaire et la régulation du climat.

Évapotranspiration et cycle de l'eau : L'évapotranspiration est un processus par lequel l'eau s'évapore des surfaces terrestres et des plantes, puis est transportée dans l'atmosphère. Ce processus fait partie du cycle de l'eau et contribue à la régulation du climat en refroidissant la surface terrestre et en modulant l'humidité atmosphérique.

La nature possède une série de mécanismes complexes et interdépendants qui régulent le climat de la Terre et contribuent à maintenir un équilibre global. Toutefois, les activités humaines, telles que la combustion des combustibles fossiles, la déforestation et l'émission de gaz à effet de serre, perturbent ces processus naturels et provoquent un déséquilibre dans le système climatique.

Pour lutter contre le changement climatique et préserver la stabilité du climat, il est essentiel de réduire notre impact sur l'environnement en adoptant des pratiques durables, en investissant dans les énergies renouvelables et en protégeant les écosystèmes qui jouent un rôle clé dans la régulation du climat. Les efforts pour limiter les émissions de gaz à effet de serre, restaurer les écosystèmes dégradés et promouvoir une utilisation responsable des ressources naturelles peuvent aider à préserver les mécanismes de régulation du climat de la Terre et à assurer un avenir viable pour les générations futures.

La biodiversité, un atout essentiel

La biodiversité, qui englobe la variété des formes de vie sur Terre, joue un rôle crucial dans la régulation du climat et la réduction de l'effet de serre. Les écosystèmes diversifiés et les espèces qui les composent contribuent à stabiliser le climat en stockant le carbone, en régulant les cycles de l'eau et en fournissant des services écosystémiques essentiels. Dans ce chapitre, nous explorerons les différentes façons dont la biodiversité contribue à atténuer l'effet de serre et à protéger notre planète.

Séquestration du carbone par les

écosystèmes. Les écosystèmes terrestres et marins jouent un rôle crucial dans la séquestration du carbone, c'est-à-dire la capture et le stockage du dioxyde de carbone (CO_2) présent dans l'atmosphère. Les forêts, les zones humides, les prairies, les mangroves et les océans stockent d'énormes quantités de carbone sous forme de biomasse et de matière organique dans les sols. En préservant et en restaurant ces écosystèmes, nous pouvons renforcer leur capacité à séquestrer le carbone et à réduire les concentrations atmosphériques de CO_2, contribuant ainsi à atténuer l'effet de serre.

Régulation du cycle de l'eau et du climat. La biodiversité influence également le cycle de l'eau et la régulation du climat à différentes échelles. Les plantes transpirent de l'eau dans l'atmosphère, contribuant à la formation des nuages et à la répartition des précipitations. Les écosystèmes complexes, tels que les forêts tropicales, agissent comme des "biopompes" qui attirent l'humidité et favorisent la pluviométrie dans leur région. En préservant la biodiversité et en maintenant des écosystèmes sains, nous aidons à réguler le cycle de l'eau et à stabiliser le climat.

Résilience face aux changements climatiques. Les écosystèmes diversifiés sont plus résilients face aux perturbations, y compris celles causées par le changement climatique. Une biodiversité élevée permet aux écosystèmes de s'adapter et de se rétablir plus rapidement après des événements extrêmes, tels que les sécheresses, les inondations ou les tempêtes. En protégeant la biodiversité, nous renforçons la résilience des écosystèmes face aux changements climatiques et aidons à maintenir leur capacité à fournir des services écosystémiques essentiels.

Services écosystémiques et atténuation des émissions de GES. La biodiversité fournit de nombreux services écosystémiques qui peuvent aider à réduire les émissions de gaz à effet de serre. Par exemple, les forêts et les zones humides filtrent et stockent l'eau, réduisant ainsi la nécessité de recourir à des méthodes énergivores pour purifier l'eau.

Les écosystèmes marins, tels que les mangroves et les herbiers marins, protègent les côtes contre l'érosion et les inondations, minimisant ainsi les besoins en infrastructures de protection côtière coûteuses et émettrices de GES. Les systèmes agricoles diversifiés, qui intègrent des cultures, des arbres et des animaux, peuvent également contribuer à réduire les émissions de GES en améliorant la santé des sols et en stockant davantage de carbone.

Les solutions fondées sur la nature (SfN) sont des approches qui tirent parti de la biodiversité et des services écosystémiques pour relever les défis environnementaux et sociétaux. Les SfN incluent la restauration des écosystèmes dégradés, la protection des habitats naturels, l'agroforesterie, la gestion durable des terres et des ressources en eau, et la promotion de la biodiversité urbaine. En adoptant ces solutions, nous pouvons simultanément protéger la biodiversité, stocker le carbone, réguler le climat et renforcer la résilience des écosystèmes et des communautés humaines face aux changements climatiques.

La biodiversité est essentielle pour réduire l'effet de serre et protéger notre planète. En préservant et en renforçant la biodiversité à travers les écosystèmes terrestres et marins, nous pouvons améliorer la séquestration du carbone, réguler le cycle de l'eau et le climat, et renforcer la résilience des écosystèmes face aux changements climatiques. Les services écosystémiques fournis par la biodiversité offrent également des moyens efficaces de réduire les émissions de GES et d'atténuer les impacts du changement climatique. En adoptant des solutions fondées sur la nature et en protégeant la biodiversité, nous investissons dans un avenir plus durable et résilient pour notre planète et les générations futures.

Restauration des écosystèmes

Voici quelques solutions concrètes pour conserver et restaurer les écosystèmes naturels :

Reforestation : La plantation d'arbres est une solution importante pour restaurer les écosystèmes forestiers qui ont été dégradés ou détruits. Les arbres absorbent le carbone de l'atmosphère et stockent le carbone dans leur bois et dans le sol.

Protection des zones humides : Les zones

humides, telles que les marais et les tourbières, sont des écosystèmes importants pour la régulation du climat. La protection de ces zones humides peut contribuer à maintenir leur stockage de carbone et à préserver la biodiversité.

Pratiques agricoles durables : Les pratiques agricoles durables, telles que l'agroforesterie et la rotation des cultures, peuvent aider à maintenir la santé des sols et à préserver la biodiversité dans les zones agricoles.

Écotourisme : L'écotourisme peut contribuer à la conservation des écosystèmes naturels en fournissant un revenu aux communautés locales et en créant une valeur économique pour les écosystèmes naturels.

Réduction de la déforestation : La déforestation est l'une des principales causes de perte d'écosystèmes naturels dans le monde. En réduisant la déforestation, nous pouvons préserver les écosystèmes forestiers qui stockent une grande quantité de carbone et abritent de nombreuses espèces animales et végétales. La mise en place de pratiques agricoles durables, la création de réserves naturelles et la surveillance de la déforestation sont quelques-unes des mesures qui peuvent être prises pour réduire la déforestation.

Restauration des zones humides : Les zones humides sont des écosystèmes importants pour la régulation du climat et la préservation de la biodiversité. Cependant, de nombreuses zones humides ont été dégradées ou détruites. La restauration des zones humides peut impliquer la restauration des cours d'eau, la restauration des tourbières ou la reconnexion des zones humides isolées.

Agriculture régénératrice : L'agriculture régénératrice est une approche de l'agriculture qui vise à améliorer la santé des sols et à augmenter la biodiversité dans les zones agricoles. Cette approche peut impliquer la rotation des cultures, la gestion de l'eau, l'agroforesterie et d'autres pratiques qui améliorent la santé des sols et la productivité agricole.

Protection des récifs coralliens : Les récifs coralliens sont des écosystèmes marins importants pour la biodiversité et la régulation du climat. Cependant, ils sont menacés par le changement climatique, la pollution et d'autres facteurs. La protection des récifs coralliens peut impliquer la création de réserves marines, la réduction de la pollution et la réglementation de la pêche.

En mettant en œuvre ces mesures de conservation et de restauration des écosystèmes naturels, nous pouvons contribuer à réduire les émissions de GES et à préserver la biodiversité pour les générations futures.

8. Le méthane dans l'élevage de bétail

Le méthane est un gaz à effet de serre plus puissant que le dioxyde de carbone, et les émissions de méthane dans l'élevage de bétail sont responsables d'une part importante des émissions de gaz à effet de serre d'origine agricole.

Les émissions de méthane dans l'élevage de bétail sont principalement dues à la fermentation entérique dans l'estomac des animaux, ainsi qu'à la gestion des déjections animales.

Les solutions concrètes pour réduire les émissions de méthane dans l'élevage de bétail sont les suivantes :

L'alimentation animale : Les régimes alimentaires des animaux peuvent être ajustés pour réduire les émissions de méthane. Par exemple, l'ajout d'additifs alimentaires tels que des huiles essentielles ou des graines de lin peut réduire les émissions de méthane.

La gestion des déjections animales : Les déjections animales peuvent être gérées de manière à réduire les émissions de méthane. Par exemple, les déjections peuvent être stockées dans des digesteurs anaérobies pour produire du biogaz, qui peut ensuite être utilisé comme source d'énergie renouvelable.

L'amélioration de la productivité des animaux : Une amélioration de la productivité des animaux peut également réduire les émissions de méthane par unité de production. Les mesures pour améliorer la productivité des animaux comprennent une meilleure sélection génétique, une meilleure gestion de la santé des animaux et une meilleure gestion de la reproduction.

La gestion de la fertilisation des cultures : Les déjections animales peuvent également être utilisées comme engrais pour les cultures, mais la gestion de la fertilisation des cultures peut également contribuer à réduire les émissions de méthane. Par exemple, l'utilisation de pratiques de gestion du sol telles que la culture sans labour peut réduire les émissions de méthane.

L'amélioration de la qualité de l'alimentation : En ajoutant des suppléments alimentaires tels que des levures, des algues ou des graines de chia à l'alimentation du bétail, les émissions de méthane peuvent être réduites. Ces suppléments alimentaires aident à modifier le processus de digestion des animaux, ce qui réduit les émissions de méthane.

La gestion des effluents d'élevage : Les effluents d'élevage, tels que les fumiers et les lisiers, sont une source importante d'émissions de méthane. Les effluents peuvent être stockés dans des cuves fermées pour empêcher la libération de méthane dans l'atmosphère. Les effluents peuvent également être traités pour produire du biogaz qui peut être utilisé comme source d'énergie renouvelable.

L'amélioration des pratiques d'élevage : L'amélioration des pratiques d'élevage peut contribuer à réduire les émissions de méthane. Par exemple, en fournissant un accès régulier à de l'eau potable et en évitant les suralimentations, les animaux peuvent être en meilleure santé et produire moins de méthane.

La gestion des cultures fourragères : Les cultures fourragères peuvent être gérées de manière à réduire les émissions de méthane. Par exemple, les cultures peuvent être cultivées de manière à éviter les pertes de nutriments et à favoriser une croissance saine des plantes, ce qui peut aider à réduire les émissions de méthane.

En mettant en œuvre ces mesures supplémentaires pour réduire les émissions de méthane dans l'élevage de bétail, les émissions de gaz à effet de serre peuvent être encore plus réduites. Ces mesures peuvent également contribuer à améliorer la santé des animaux.

9. Systèmes énergétiques

L'énergie est un élément essentiel pour le développement économique et social. Elle est nécessaire pour alimenter nos villes, nos usines, nos voitures et nos maisons. Cependant, la consommation d'énergie a un impact considérable sur l'environnement, en particulier en ce qui concerne les émissions de gaz à effet de serre responsables du changement climatique.

Proportions d'énergie utilisées et des émissions de GES pour 10 000 kWh de production (environs la consommation moyenne d'une maison de 100m2):

Type d'énergie	Proportion dans la production d'énergie mondiale	Émissions de GES pour 10 000 kWh
Pétrole	33,5 %	3,8 T de CO2 équivalent
Gaz naturel	23,6 %	2,8 T de CO2 équivalent
Charbon	27,4 %	9,6 T de CO2 équivalent
Énergies renouvelables	11,2 %	0,1 T de CO2 équivalent
Nucléaire	4,3 %	0,1 T de CO2 équivalent

Remarque : Les chiffres ci-dessus sont approximatifs et peuvent varier en fonction des sources utilisées pour les calculs.

Ce tableau montre que les sources d'énergie fossiles (pétrole, gaz naturel, charbon) sont responsables de la grande majorité des émissions de gaz à effet de serre liées à la production d'énergie, tandis que les énergies renouvelables et le nucléaire produisent beaucoup moins d'émissions de GES pour la même quantité d'électricité produite. Il est donc crucial de favoriser le développement de ces sources d'énergie plus propres et de réduire notre dépendance aux énergies fossiles pour lutter contre le changement climatique.

L'électricité c'est fantastique

L'électricité n'est pas une source d'énergie en soi, mais plutôt un moyen de transporter, convertir et stocker l'énergie provenant d'autres sources. Elle est donc une forme d'énergie secondaire un vecteur énergétique. Elle offre une grande variété de sources et de moyens de production, allant des énergies renouvelables telles que l'énergie solaire, hydraulique, éolienne, géothermique et marine, aux sources d'énergie fossile telles que le charbon, le gaz et le pétrole, en passant par l'énergie nucléaire.

En cette période de transition énergétique, l'électricité est devenue le hub entre toutes les sources d'énergie, permettant la décentralisation et l'autonomisation des producteurs et des consommateurs d'énergie. La décentralisation permet aux particuliers, aux entreprises et aux collectivités de devenir à la fois consommateurs et producteurs d'énergie, créant ainsi une énergie plus propre et plus durable.

L'utilisation de l'électricité comme énergie est donc une solution essentielle pour lutter contre le changement climatique. Elle offre des opportunités énormes pour réduire les émissions de gaz à effet de serre et favoriser la transition énergétique vers un avenir plus durable.

Cependant, il est important de noter que la production d'électricité à partir de sources d'énergie carbonée tels que le charbon, le gaz ou le pétrole, est très polluante et produit d'importantes quantités de gaz à effet de serre. C'est pourquoi il est crucial de favoriser la production d'électricité à partir de sources renouvelables.

Systèmes énergétiques décentralisés

Un système énergétique décentralisé est un système dans lequel la production et la distribution d'énergie sont effectuées localement plutôt que par des centrales électriques à grande échelle. Au lieu de dépendre d'une seule source d'énergie centrale, les systèmes énergétiques décentralisés utilisent des sources d'énergie renouvelable, telles que l'énergie solaire et éolienne, qui sont disponibles localement.

La transition vers des systèmes énergétiques décentralisés et résilients est importante pour réduire les émissions de gaz à effet de serre et améliorer la résilience face aux impacts du changement climatique. L'électricité est l'unique source d'énergie qui permet cette transition vers un système décentralisé, notamment en permettant à chaque individu de devenir à la fois consommateur et producteur d'énergie.

L'électricité peut être produite localement à partir

de sources d'énergie renouvelable telles que le solaire, l'éolien, l'hydroélectricité, la biomasse, la géothermie, etc. Ces sources d'énergie peuvent être installées sur les toits des bâtiments, dans les jardins, les zones rurales et les communautés locales. Cette production locale d'électricité permet de réduire les émissions de GES associées au transport de l'électricité sur de longues distances.

En outre, l'électricité peut être stockée localement, par exemple dans des batteries, pour une utilisation ultérieure. Cela permet d'utiliser l'électricité produite en excès lors des périodes de forte production, comme le jour ensoleillé pour le solaire, pour la consommation en période de faible production, comme la nuit.

Enfin, l'électricité peut être échangée localement, à travers des réseaux d'énergie communautaires, permettant aux consommateurs de devenir également producteurs d'électricité. Cette électricité peut être vendue à d'autres consommateurs locaux ou même renvoyée dans le réseau électrique national.

Impact sur les réseaux électriques

Les gestionnaires d'électricité doivent s'adapter à un système énergétique décentralisé pour plusieurs raisons. Tout d'abord, dans un tel système, la production d'énergie peut varier considérablement en fonction de facteurs tels que les conditions météorologiques et les fluctuations de la demande. Les sources d'énergie renouvelable, telles que l'énergie solaire et éolienne, produisent de l'énergie de manière intermittente, ce qui peut entraîner des fluctuations de la production d'énergie qui ne correspondent pas nécessairement à la demande.

Pour gérer ces fluctuations, il est important que les gestionnaires d'électricité aient des systèmes flexibles pour s'adapter à la production d'énergie variable et gérer efficacement la distribution d'énergie. Les technologies de stockage d'énergie, telles que les batteries, peuvent être utilisées pour stocker l'énergie produite en excès et la libérer lorsque la production d'énergie est faible. Cependant, ces technologies ont une capacité de stockage limitée et ne sont pas toujours suffisantes pour répondre à la demande de pointe.

C'est pourquoi les gestionnaires d'électricité doivent se tourner vers des systèmes de stockage d'énergie de plus grande capacité, tels que les systèmes pompage turbinage (STEP). Les gestionnaires d'électricité peuvent également utiliser des infrastructures de grande envergure pour aider à gérer la production d'énergie variable, comme les réseaux intelligents qui peuvent détecter les fluctuations de la production d'énergie et ajuster la distribution d'énergie en conséquence.

Barrages hydroélectriques à pompage-turbinage : Les stations de pompage turbinage (STEP) sont des infrastructures importantes dans les systèmes énergétiques décentralisés, car elles peuvent aider à stocker l'énergie produite en excès pour une utilisation ultérieure. Les STEP sont des installations qui stockent l'énergie sous forme d'eau en la pompant d'un bassin inférieur à un bassin supérieur lorsqu'il y a une surproduction d'énergie. Lorsque la demande d'électricité est élevée, l'eau est relâchée du bassin supérieur pour alimenter des turbines, produisant ainsi de l'électricité.

Stockage d'énergie thermique concentrée (CSP) : Fonctionnement : Le stockage d'énergie thermique concentrée utilise des miroirs pour concentrer la lumière du soleil et chauffer un fluide caloporteur. La chaleur ainsi stockée peut être utilisée pour produire de l'électricité via une turbine à vapeur ou à gaz. Avantages : Le stockage d'énergie thermique concentrée permet de prolonger la production d'électricité à partir de l'énergie solaire, même après le coucher du soleil. Cela contribue à la stabilité du réseau électrique et à l'intégration des énergies renouvelables.

Stockage d'air comprimé (CAES) : Le stockage d'air comprimé consiste à utiliser de l'électricité excédentaire pour comprimer de l'air qui est stocké dans des réservoirs souterrains, tels que des cavernes salines. Lorsque de l'électricité est nécessaire, l'air comprimé est libéré, chauffé et utilisé pour actionner une turbine à gaz. Le stockage d'air comprimé offre une grande capacité de stockage et une longue durée de vie. Il est également moins coûteux que certaines autres technologies de stockage à grande échelle.

Stockage par volant d'inertie : Les volants d'inertie stockent l'énergie sous forme cinétique en faisant tourner un rotor à très grande vitesse. Lorsque de l'énergie est nécessaire, la rotation du rotor est convertie en électricité à l'aide d'un générateur. Les volants d'inertie offrent une réponse très rapide et une efficacité énergétique élevée. Ils ont une longue durée de vie et nécessitent peu d'entretien. Cependant, ils sont généralement plus adaptés au stockage d'énergie à court terme et à la fourniture de services de régulation du réseau.

Stockage d'énergie sous forme d'hydrogène : Le stockage d'énergie sous forme d'hydrogène consiste à utiliser de l'électricité excédentaire pour électrolyser l'eau, séparant ainsi l'hydrogène et l'oxygène. L'hydrogène stocké peut être utilisé ultérieurement pour produire de l'électricité dans une pile à combustible ou une turbine à gaz. L'hydrogène peut être stocké en grande quantité et pendant de longues périodes, ce qui en fait une solution prometteuse pour le stockage saisonnier d'énergie.

Systèmes de stockage d'énergie mécanique par élévation de poids : Les systèmes de stockage d'énergie mécanique par élévation de poids utilisent l'électricité excédentaire pour soulever de grands poids (par exemple, des blocs de béton) à l'aide de grues. Lorsque de l'électricité est nécessaire, les poids sont abaissés, entraînant la génération d'électricité par un générateur. Ces systèmes sont simples, durables et peuvent être construits avec des matériaux facilement disponibles.

10. Technologies propres

Les industries sont responsables d'une part importante des émissions de GES dans le monde, représentant environ 20 % des émissions totales de GES.

L'utilisation de technologies propres peut aider à réduire les émissions de GES en utilisant des processus de production plus efficaces et en réduisant l'utilisation de combustibles fossiles. Les technologies propres peuvent inclure des technologies d'efficacité énergétique, des sources d'énergie renouvelable, des technologies de captage et de stockage de carbone, et des technologies de traitement des déchets.

Technologies d'efficacité énergétique

Les technologies d'efficacité énergétique sont essentielles pour relever les défis du changement climatique et assurer un avenir durable pour notre planète. Ces technologies permettent d'optimiser la production, la distribution et l'utilisation de l'énergie, tout en minimisant les pertes et en réduisant la consommation d'énergie. Parmi les nombreuses solutions d'efficacité énergétique disponibles, les pompes à chaleur (PAC), les panneaux photovoltaïques, micro-onduleurs et les moteurs-générateurs électriques sont des technologies clés qui ont un impact significatif.

La construction passive

La construction passive est une approche de conception et de construction qui vise à réduire la consommation d'énergie et à améliorer le confort thermique des bâtiments en tirant parti des ressources naturelles et en minimisant les pertes d'énergie. Les bâtiments passifs présentent de nombreux avantages, notamment une empreinte carbone réduite, des coûts d'exploitation plus faibles et une meilleure qualité de vie pour leurs occupants.

L'idée de la construction passive remonte à des siècles, lorsque les anciennes civilisations utilisaient des techniques de construction adaptées à leur environnement pour maintenir une température intérieure confortable. Par exemple, les Romains utilisaient des murs épais en pierre pour isoler leurs bâtiments, et les peuples autochtones d'Amérique du Nord construisaient des igloos à partir de blocs de neige pour se protéger du froid.

Cependant, la construction passive en tant que concept moderne a émergé dans les années 1970 et 1980, en réponse à la crise pétrolière et à la prise de conscience croissante des problèmes environnementaux. Les premières expérimentations de maisons passives ont été menées en Amérique du Nord et en Europe, où des chercheurs et des architectes ont développé des méthodes pour optimiser l'efficacité énergétique des bâtiments.

Plusieurs techniques et matériaux sont utilisés pour construire des bâtiments passifs. Parmi les plus courants, on trouve :

Une enveloppe du bâtiment hautement isolée : Les murs, les toits et les planchers sont conçus avec des matériaux isolants de haute performance, tels que la laine de roche, la laine de verre, ou encore le polystyrène expansé, pour minimiser les pertes de chaleur et maintenir une température intérieure stable.

Fenêtres performantes : Les fenêtres à double ou triple vitrage avec des cadres isolés sont utilisées pour réduire les pertes de chaleur et maximiser les apports solaires passifs.

Étanchéité à l'air : Les bâtiments passifs sont conçus pour être étanches à l'air, avec des systèmes de ventilation contrôlée pour assurer un renouvellement d'air frais et sain à l'intérieur.

Orientation et conception optimisées : Les bâtiments sont orientés et conçus pour tirer parti de la lumière naturelle et des apports solaires passifs, tout en minimisant les gains de chaleur indésirables en été. Des éléments architecturaux tels que des surplombs, des brise-soleils et des stores extérieurs peuvent être utilisés pour contrôler l'exposition au soleil.

Systèmes de récupération de chaleur : Les systèmes de ventilation mécanique avec récupération de chaleur (VMC double flux) sont souvent utilisés pour extraire la chaleur de l'air vicié et la transférer à l'air entrant, réduisant ainsi les besoins de chauffage.

Utilisation de matériaux locaux et durables : Les matériaux de construction locaux et écologiques, tels que le bois, la terre crue, ou la paille, peuvent être utilisés pour réduire l'empreinte carbone du bâtiment et promouvoir une construction durable.

La construction passive joue un rôle crucial dans la lutte contre le réchauffement climatique. Les bâtiments sont responsables d'environ 40 % de la consommation d'énergie et d'un tiers des émissions de gaz à effet de serre dans le monde. En réduisant considérablement la consommation d'énergie et les émissions de CO_2 des bâtiments, la construction passive contribue à atténuer les effets du changement climatique.

En outre, les bâtiments passifs encouragent l'utilisation d'énergies renouvelables pour répondre à leurs besoins énergétiques restants, comme le solaire photovoltaïque ou la géothermie, ce qui réduit encore davantage leur empreinte carbone.

Les bâtiments passifs ont également un impact positif sur la qualité de l'air intérieur et la santé des occupants, grâce à des systèmes de ventilation efficaces et à l'utilisation de matériaux de construction non toxiques. Cela contribue à une meilleure qualité de vie pour les habitants et à une réduction des problèmes de santé liés à la pollution intérieure.

Enfin, la construction passive favorise l'innovation et la recherche en matière de matériaux et de technologies durables. À mesure que ces techniques se généralisent et deviennent plus abordables, elles peuvent être adoptées plus largement dans l'industrie de la construction, aidant ainsi à transformer le secteur du bâtiment en un acteur clé de la lutte contre le réchauffement climatique.

La construction passive offre une approche innovante pour concevoir et construire des bâtiments écoénergétiques et confortables. En adoptant ces principes, nous pouvons créer un environnement bâti plus durable et résilient, tout en contribuant à réduire les émissions de gaz à effet de serre et à lutter contre le changement climatique.

Les pompes à chaleurs (PAC)

Les pompes à chaleur (PAC) sont des systèmes de chauffage et de refroidissement efficaces et respectueux de l'environnement. Elles constituent une alternative aux systèmes de chauffage traditionnels à base de combustibles fossiles et peuvent contribuer à réduire significativement les émissions de gaz à effet de serre et les coûts énergétiques.

Principe de fonctionnement :

Les pompes à chaleur sont des dispositifs qui transfèrent la chaleur d'une source froide (milieu extérieur) vers une source chaude (milieu intérieur) en utilisant un cycle thermodynamique. Le cycle thermodynamique est composé de quatre étapes principales : évaporation, compression, condensation et détente.

Évaporation : Un fluide frigorigène à basse température et basse pression circule dans l'évaporateur, où il absorbe la chaleur de la source froide (généralement l'air, l'eau ou le sol extérieur). En absorbant cette chaleur, le fluide frigorigène se transforme en vapeur.

Compression : La vapeur de fluide frigorigène est ensuite comprimée par un compresseur, ce qui augmente sa température et sa pression. Ce processus améliore l'efficacité énergétique du système, car il permet de transférer la chaleur à un niveau de température plus élevé.

Condensation : La vapeur de fluide frigorigène comprimée et chauffée circule maintenant dans le condenseur, où elle cède sa chaleur à la source chaude (généralement l'air, l'eau ou un plancher chauffant à l'intérieur du bâtiment). En libérant sa chaleur, le fluide frigorigène se condense et redevient un liquide.

Détente : Le fluide frigorigène liquide passe ensuite par un détendeur, qui réduit sa pression et sa température. Le fluide frigorigène refroidi retourne à l'évaporateur, et le cycle recommence.

Les pompes à chaleur peuvent être classées en fonction de la source froide et de la source chaude qu'elles utilisent. Les types courants de pompes à chaleur comprennent les systèmes air-air, air-eau, eau-eau et sol-eau.

Avantages en termes de réduction d'énergie :

Les pompes à chaleur sont très efficaces en termes de consommation d'énergie, car elles exploitent l'énergie thermique disponible dans l'environnement, plutôt que de produire de la chaleur par combustion de combustibles fossiles. Leur efficacité énergétique est souvent mesurée par le coefficient de performance (COP), qui est le rapport entre la quantité de chaleur produite et l'énergie électrique consommée par le système. Un COP élevé signifie que le système est très efficace. Les pompes à chaleur ont généralement un COP compris entre 3 et 5, ce qui signifie qu'elles peuvent produire 3 à 5 unités de chaleur pour chaque unité d'énergie électrique consommée. En comparaison, les systèmes de chauffage électrique traditionnels ont un COP d'environ 1, tandis que les chaudières à gaz ou à fioul ont un rendement généralement compris entre 70 % et 90 %. Les pompes à chaleur permettent donc de réaliser des économies significatives sur les coûts énergétiques et de réduire la consommation globale d'énergie.

Réduction des émissions de gaz à effet de serre : Les pompes à chaleur n'émettent pas directement de gaz à effet de serre, contrairement aux systèmes de chauffage traditionnels qui brûlent des combustibles fossiles. En utilisant une source d'énergie électrique plus propre et en réduisant la demande en énergie, les pompes à chaleur contribuent à réduire les émissions de CO_2 et d'autres gaz à effet de serre.

Elles peuvent être utilisées pour le chauffage et la climatisation, en inversant simplement le cycle thermodynamique. Cela les rend particulièrement adaptées aux bâtiments qui nécessitent à la fois le chauffage et la climatisation tout au long de l'année.

Sélection de la source de chaleur : Le choix de la source de chaleur appropriée (air, eau ou sol) dépend des conditions climatiques locales, de la disponibilité des ressources et des contraintes du site. Par exemple, les pompes à chaleur air-air sont généralement plus faciles à installer et moins coûteuses, mais leur efficacité peut être réduite dans les climats très froids. Les pompes à chaleur géothermiques (sol-eau) offrent une meilleure performance énergétique, mais leur installation peut être plus complexe et coûteuse.

Les pompes à chaleur peuvent être intégrées à d'autres systèmes de chauffage, de ventilation et de climatisation (VMC) pour améliorer encore l'efficacité énergétique. Par exemple, elles peuvent être combinées avec des systèmes solaires thermiques pour la production d'eau chaude sanitaire ou avec des systèmes de récupération de chaleur pour réutiliser la chaleur perdue dans les processus de ventilation et de climatisation.

Comme pour tout système mécanique, un entretien régulier et une maintenance préventive sont essentiels pour assurer la longévité et l'efficacité des pompes à chaleur. Les filtres, les échangeurs de chaleur et les compresseurs doivent être inspectés et entretenus régulièrement pour éviter les problèmes de performance et les pannes.

Les pompes à chaleur sont une technologie de chauffage et de refroidissement respectueuse de l'environnement et économe en énergie. Leur mise en œuvre peut contribuer à réduire les émissions de GES.

La technologie photovoltaïque

La technologie photovoltaïque est une méthode de conversion directe de l'énergie solaire en électricité. Les panneaux solaires photovoltaïques (PV) sont de plus en plus utilisés dans le monde entier pour produire une énergie propre et renouvelable, réduisant ainsi la dépendance aux combustibles fossiles et contribuant à la lutte contre le changement climatique.

Principe de fonctionnement :

Les cellules photovoltaïques sont composées de matériaux semi-conducteurs, généralement du silicium, qui sont capables de convertir l'énergie lumineuse en électricité grâce à l'effet photovoltaïque. Lorsque les photons de la lumière solaire sont absorbés par les semi-conducteurs, ils transfèrent leur énergie aux électrons du matériau, créant une paire électron-trou. Les électrons libérés peuvent alors se déplacer et générer un courant électrique.

Voici les étapes clés du processus de conversion photovoltaïque :

Absorption des photons : Lorsque la lumière solaire frappe la surface de la cellule photovoltaïque, les photons sont absorbés par le matériau semi-conducteur, transférant leur énergie aux électrons du matériau.

Génération de paires électron-trou : L'énergie transférée aux électrons leur permet de se libérer des liaisons atomiques et de se déplacer librement dans le matériau, créant des paires électron-trou.

Séparation des charges : Les cellules photovoltaïques sont conçues avec une jonction p-n, qui est une interface entre deux types de semi-conducteurs (type p et type n). La jonction p-n crée un champ électrique interne qui sépare les charges positives et négatives, empêchant les électrons et les trous de se recombiner.

Circulation du courant : Les électrons libres se déplacent vers la couche n (côté négatif) et les trous vers la couche p (côté positif) sous l'effet du champ électrique interne. Ce mouvement de charges génère un courant électrique continu (CC).

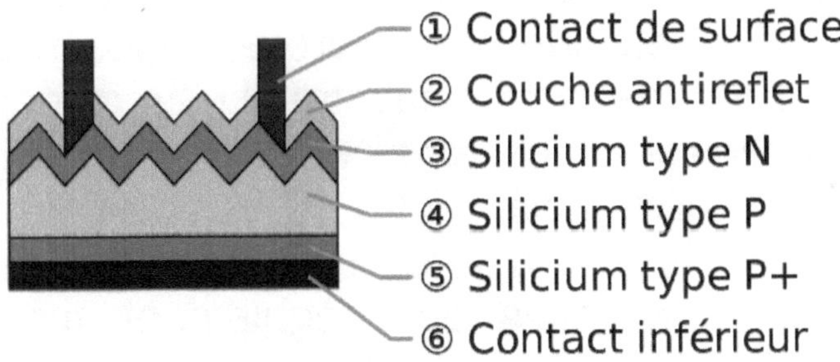

Types de panneaux solaires photovoltaïques :

Il existe 3 types de panneaux solaires photovoltaïques, qui peuvent être classés en fonction du matériau semi-conducteur utilisé et de leur efficacité de conversion :

Panneaux solaires monocristallins : Ils sont fabriqués à partir de plaquettes de silicium monocristallin, qui ont une structure cristalline uniforme. Les panneaux solaires monocristallins présentent généralement une efficacité de conversion élevée (entre 18 % et 24 %) et une longue durée de vie, mais sont également plus coûteux à produire.

Panneaux solaires polycristallins : Ils sont fabriqués à partir de plaquettes de silicium polycristallin, qui ont une structure cristalline moins uniforme. Les panneaux solaires polycristallins ont une efficacité de conversion légèrement inférieure (entre 15 % et 20 %) et sont généralement moins coûteux que les panneaux monocristallins.

Panneaux solaires à couches minces : Ils sont fabriqués en déposant une fine couche de matériau semi-conducteur (généralement du tellurure de cadmium, du diséléniure de cuivre et d'indium ou du silicium amorphe) sur un substrat. Les panneaux solaires à couches minces présentent une efficacité de conversion plus faible (entre 10 % et 14 %) et une durée de vie plus courte que les panneaux à base de silicium, mais sont également moins coûteux et plus légers.

Considérations d'ingénierie pour la conception et l'installation de systèmes photovoltaïques :

Orientation et inclinaison des panneaux : Pour maximiser la production d'énergie, les panneaux solaires doivent être orientés vers le sud (dans l'hémisphère nord) ou vers le nord (dans l'hémisphère sud) et inclinés à un angle optimal en fonction de la latitude du site.

Pour déterminer l'inclinaison optimale d'un panneau solaire par rapport à la latitude, il existe plusieurs méthodes et règles empiriques. L'une des méthodes les plus courantes consiste à utiliser la latitude du lieu où le panneau solaire sera installé.

Pour une production optimale pendant l'été : soustrayez 15° de la latitude.

Pour une production optimale pendant l'hiver : ajoutez 15° à la latitude.

Pour une production optimale toute l'année : utilisez la règles empiriques « latitude -10° » comme angle d'inclinaison.

Il est important de noter que ces règles empiriques sont des approximations et peuvent ne pas être précises pour tous les lieux et toutes les situations. Pour obtenir l'inclinaison optimale spécifique à votre installation, il est recommandé de consulter un professionnel du solaire qui pourra prendre en compte les spécificités de votre site et les conditions climatiques locales.

Les systèmes photovoltaïques peuvent être intégrés à d'autres systèmes énergétiques, tels que les systèmes de stockage d'énergie (batteries), les pompes à chaleur ou les réseaux intelligents, pour améliorer leur efficacité et leur adaptabilité aux besoins énergétiques fluctuants.

Un entretien régulier et une maintenance préventive sont essentiels pour assurer la performance et la longévité des systèmes photovoltaïques. Les panneaux solaires doivent être nettoyés et inspectés régulièrement et que les onduleurs, les câbles et les dispositifs de protection électrique sont correctement entretenus.

La technologie photovoltaïque joue un rôle clé dans la transition vers une production d'énergie plus propre et plus durable.

La technologie des micro-onduleurs

Les micro-onduleurs sont une innovation technologique importante dans le domaine de l'énergie solaire. Ils ont révolutionné la façon dont l'énergie solaire est convertie et utilisée, améliorant ainsi l'efficacité et la performance des systèmes photovoltaïques.

Pour comprendre le fonctionnement des micro-onduleurs, il est important de connaître les concepts de base de l'électronique de puissance. Les micro-onduleurs utilisent des dispositifs semi-conducteurs, tels que les transistors MOSFET, pour commuter et contrôler le flux de courant entre le panneau solaire et le réseau électrique. Les micro-onduleurs sont généralement composés de plusieurs étages : un étage de conversion DC-DC pour réguler la tension et le courant du panneau solaire, suivi d'un étage de conversion DC-AC pour convertir le courant continu en courant alternatif.

Le principal avantage des micro-onduleurs réside dans leur capacité à optimiser la production d'énergie de chaque panneau solaire individuellement. Grâce à la technologie de suivi du point de puissance maximale (MPPT), les micro-onduleurs peuvent ajuster en temps réel les conditions de fonctionnement de chaque panneau pour maximiser leur production d'énergie, même en cas d'ombrage partiel ou de différences de performances entre les panneaux.

Avantages :

Amélioration de la performance globale du système solaire grâce à l'optimisation individuelle de chaque panneau.

Moins de pertes d'énergie en cas d'ombrage partiel ou de différences de performances entre les panneaux.

Simplification de l'installation et de la maintenance grâce à l'absence d'un onduleur centralisé.

Meilleure surveillance et diagnostic des performances individuelles des panneaux, facilitant la détection des problèmes éventuels.

Durée de vie généralement plus longue que celle des onduleurs centralisés.

Inconvénients :

Coût initial plus élevé par rapport aux onduleurs centralisés, en raison du nombre plus important de micro-onduleurs requis.

En optimisant la production d'énergie de chaque panneau solaire individuellement, les micro-onduleurs permettent une meilleure exploitation de l'énergie solaire, réduisant ainsi la dépendance aux combustibles fossiles et les émissions de gaz à effet de serre associées.

De plus, les micro-onduleurs facilitent l'adoption de l'énergie solaire dans les zones urbaines et résidentielles, où l'espace et les conditions d'ensoleillement peuvent être plus limités. En permettant aux systèmes solaires de fonctionner de manière optimale même en cas d'ombrage partiel ou de contraintes d'espace, les micro-onduleurs aident à accroître la part des énergies renouvelables dans le mix énergétique global.

Les micro-onduleurs sont une innovation technologique importante dans le domaine de l'énergie solaire. En améliorant l'efficacité et la performance des systèmes photovoltaïques, ils contribuent à la réduction des émissions de gaz à effet de serre et à la lutte contre le réchauffement climatique. Les avantages qu'ils offrent en termes d'optimisation de la production d'énergie solaire et de facilitation de l'adoption des énergies renouvelables sont indéniables.

La technologie des batteries lithium-ion

Les batteries lithium-ion (Li-ion) sont des dispositifs de stockage d'énergie électrochimique largement utilisés dans de nombreuses applications, telles que les téléphones portables, les ordinateurs portables, les véhicules électriques et les systèmes de stockage d'énergie renouvelable. Elles offrent une densité énergétique élevée, une longue durée de vie et un faible taux d'autodécharge, ce qui les rend particulièrement adaptées à ces applications.

Principe de fonctionnement :

Les batteries Li-ion fonctionnent sur la base du mouvement des ions lithium entre deux électrodes - l'anode (électrode négative) et la cathode (électrode positive) - à travers un électrolyte. Lors de la charge, les ions lithium sont extraits de la cathode et insérés dans l'anode à travers l'électrolyte, tandis que lors de la décharge, les ions lithium sont extraits de l'anode et insérés dans la cathode, libérant ainsi de l'énergie sous forme de courant électrique.

Les matériaux d'anode couramment utilisés dans les batteries Li-ion sont le graphite et les alliages de silicium, tandis que les matériaux de cathode incluent généralement les oxydes de métaux de transition, tels que le cobalt, le nickel et le manganèse. L'électrolyte est généralement composé d'un solvant organique et de sels de lithium, tels que le hexafluorophosphate de lithium (LiPF6).

Développement de matériaux de cathode alternatifs : Des matériaux de cathode sans terres rares, tels que les oxydes de nickel-manganèse et les phosphates de fer lithiés (LiFePO4), sont en cours de développement et de commercialisation. Ces matériaux peuvent offrir des performances comparables aux matériaux à base de terres rares, tout en étant plus abondants et écologiques.

Le recyclage des batteries usagées permet de récupérer et de réutiliser les matériaux de valeur, tels que le cobalt, le nickel et le lithium, réduisant ainsi la demande de terres rares et minimisant l'impact environnemental. Les ingénieurs et les chercheurs développent des méthodes de recyclage plus efficaces et rentables pour améliorer le taux de récupération des matériaux et faciliter l'adoption du recyclage à grande échelle.

Les batteries Li-ion sont un élément clé de la transition vers un avenir énergétique durable. Dans ce contexte de lutte contre le changement climatique et de transition vers un avenir énergétique durable, les batteries Li-ion et les technologies de stockage d'énergie sont au cœur de nombreuses avancées dans divers domaines.

Technologies alternatives de stockage d'énergie : Bien que les batteries Li-ion soient actuellement la technologie dominante en matière de stockage d'énergie, il est important de continuer à explorer et à développer d'autres technologies. Les batteries à flux, les batteries sodium-ion, les batteries solides et les systèmes de stockage d'énergie thermique sont quelques-unes des alternatives prometteuses qui pourraient offrir des avantages complémentaires ou dépasser les batteries Li-ion dans certaines applications.

Moteurs et générateurs

La conversion de l'énergie mécanique en énergie électrique est un pilier fondamental de la transition énergétique, permettant la génération d'électricité à partir de sources renouvelables et le développement de la mobilité électrique. Voici les principes de fonctionnement des moteurs et générateurs électriques à courant alternatif (CA), qui sont au cœur de nombreuses applications telles que les véhicules électriques, les éoliennes et les systèmes de stockage d'énergie.

L'histoire de la conversion de l'énergie mécanique en énergie électrique remonte au début du 19e siècle, avec les premières expériences sur l'électromagnétisme menées par des scientifiques tels que Michael Faraday et Joseph Henry. Ces expériences ont jeté les bases de la technologie des moteurs et générateurs électriques, qui a évolué et s'est améliorée au fil des ans pour devenir l'un des éléments clés de la transition énergétique actuelle.

Les moteurs et générateurs électriques à courant alternatif fonctionnent sur la base de l'électromagnétisme, qui est la force d'interaction entre les champs électriques et magnétiques. Un moteur électrique convertit l'énergie électrique en énergie mécanique, tandis qu'un générateur électrique fait l'inverse, en transformant l'énergie mécanique en énergie électrique.

Dans un moteur électrique, le courant électrique traversant les bobines crée un champ magnétique variable qui interagit avec les aimants permanents ou les autres bobines du rotor, induisant un mouvement mécanique. Dans un générateur électrique, le mouvement mécanique du rotor provoque une variation du champ magnétique, qui génère un courant électrique dans les bobines du stator.

Les moteurs et générateurs CA fonctionnent en utilisant des bobines qui sont alimentées par un courant alternatif, ce qui provoque une rotation continue du champ magnétique et du rotor.

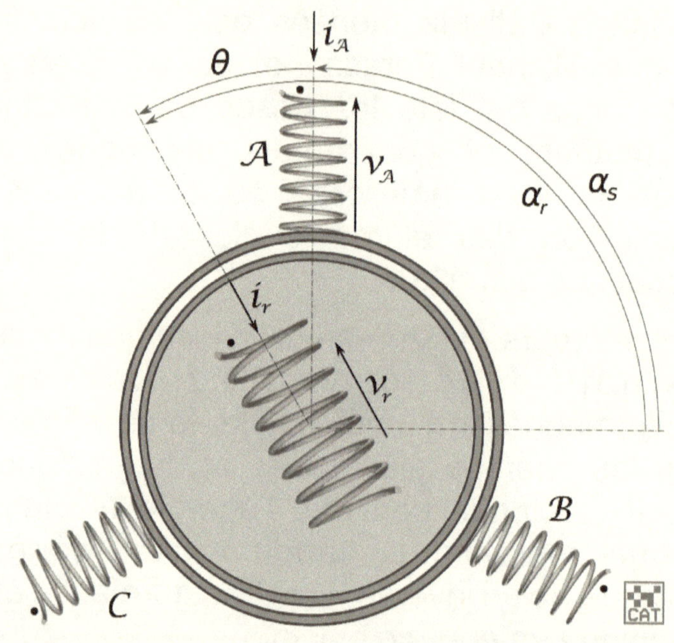

Pour plus de détails, notamment concernant les formules mathématiques et les équations de fonctionnement, je vous invite à consulter l'article sur Wikipédia : https://fr.wikipedia.org/wiki/Machine_synchrone

La technologie de conversion de l'énergie mécanique en énergie électrique a un large éventail d'applications, notamment dans les énergies renouvelables et la mobilité électrique. Les éoliennes utilisent des générateurs pour convertir l'énergie cinétique du vent en électricité, tandis que les véhicules électriques emploient des moteurs électriques pour convertir l'énergie stockée dans les batteries en énergie mécanique pour la propulsion.

Au fil des ans, la technologie des moteurs et générateurs électriques a connu des améliorations significatives en termes d'efficacité, de fiabilité et de performance. De nouvelles techniques de conception et de fabrication, ainsi que l'utilisation de matériaux avancés, ont permis de réduire les pertes d'énergie et d'augmenter la densité de puissance des machines électriques.

La technologie de conversion de l'énergie mécanique en énergie électrique joue un rôle essentiel dans la transition énergétique et la lutte contre le changement climatique. Les améliorations continues de cette technologie permettront de réduire davantage notre dépendance aux combustibles fossiles et de progresser vers un avenir plus durable et respectueux de l'environnement.

Les éclairages à LED

Les éclairages à LED (diodes électroluminescentes) ont révolutionné l'industrie de l'éclairage en offrant une solution écoénergétique et durable aux sources de lumière traditionnelles

Les LED ont été découvertes pour la première fois en 1907 par le physicien britannique H.J. Round, mais il a fallu attendre les années 1960 pour que les premières LED pratiques soient développées. Les premières LED étaient principalement utilisées pour les indicateurs lumineux et les affichages numériques. Dans les années 1990, les progrès technologiques ont permis la production de LED blanches, ouvrant la voie à leur utilisation dans l'éclairage général.

Les LED fonctionnent en utilisant des semi-conducteurs pour convertir l'électricité en lumière. Cette méthode de production de lumière est beaucoup plus efficace que les méthodes traditionnelles, telles que les ampoules à incandescence et les lampes fluorescentes, qui gaspillent une grande partie de l'énergie sous forme de chaleur.

Les matériaux utilisés pour fabriquer les LED ont évolué au fil du temps, passant de l'arséniure de gallium (GaAs) dans les premières LED à des composés plus avancés comme le nitrure de gallium (GaN) et le phosphure d'indium (InP). Ces matériaux permettent une meilleure efficacité énergétique, une durée de vie plus longue et une production de lumière plus puissante. Les techniques de fabrication ont également évolué, avec des progrès dans les processus d'épitaxie, de dopage et de montage des puces LED.

Les technologies d'éclairage à LED sont constamment améliorées pour offrir une meilleure qualité de lumière, une efficacité accrue et une durabilité renforcée. Par exemple, les LED COB (Chip-on-Board) intègrent plusieurs puces LED sur un même substrat pour produire une lumière plus homogène et puissante. Les systèmes d'éclairage intelligents à base de LED permettent également de contrôler et d'ajuster la couleur, l'intensité et la direction de la lumière en fonction des besoins.

Les LED consomment beaucoup moins d'énergie que les sources de lumière traditionnelles, réduisant ainsi la demande en électricité et les émissions de gaz à effet de serre associées à la production d'énergie. En outre, les LED ont une durée de vie beaucoup plus longue que les autres types d'éclairage, ce qui signifie moins de déchets et de ressources nécessaires pour la fabrication de nouvelles ampoules.

Selon l'Agence internationale de l'énergie (AIE), l'éclairage représente environ 15% de la consommation mondiale d'électricité et 5% des émissions mondiales de CO_2. Le passage aux LED pourrait permettre d'économiser jusqu'à 1 000 térawattheures d'électricité par an d'ici 2030, soit l'équivalent de la production d'électricité de l'Union européenne. Cette réduction de la consommation d'énergie entraînerait une diminution correspondante des émissions de CO_2, contribuant ainsi à ralentir le réchauffement climatique.

Les panneaux solaires thermiques

Les panneaux solaires thermiques constituent une technologie renouvelable et durable qui permet de capter l'énergie du soleil pour produire de la chaleur

Les Grecs et les Romains utilisaient des miroirs pour concentrer la lumière du soleil et produire de la chaleur. Au 18ème siècle, l'inventeur suisse Horace-Bénédict de Saussure a créé le premier dispositif solaire thermique, appelé "héliothermomètre", qui consistait en une boîte vitrée capable de capter et de retenir la chaleur du soleil. Au 20ème siècle, avec la crise pétrolière des années 1970, l'intérêt pour les énergies renouvelables, dont les panneaux solaires thermiques, a considérablement augmenté.

Les panneaux solaires thermiques peuvent être classés en deux catégories principales : les systèmes à basse température et les systèmes à haute température.

a. Systèmes à basse température

Ces systèmes sont généralement utilisés pour le chauffage de l'eau domestique et le chauffage des bâtiments. Ils comprennent les capteurs plans, les capteurs à tubes sous vide et les capteurs à air.

Capteurs plans : Ces capteurs sont constitués d'une plaque absorbante, généralement en métal, qui absorbe l'énergie solaire et la transfère à un fluide caloporteur circulant à travers des tubes. La chaleur est ensuite transférée à l'eau sanitaire ou à un système de chauffage.

Capteurs à tubes sous vide : Ces capteurs sont composés de tubes en verre sous vide contenant un absorbeur métallique et un fluide caloporteur. Le vide réduit les pertes de chaleur, permettant une efficacité accrue par rapport aux capteurs plans.

Capteurs à air : Ces capteurs utilisent l'air comme fluide caloporteur pour chauffer les espaces intérieurs directement ou préchauffer l'air de ventilation.

b. Systèmes à haute température

Ces systèmes sont utilisés pour produire de l'électricité, de la chaleur industrielle ou pour le dessalement de l'eau. Ils comprennent les centrales solaires à concentration, qui utilisent des miroirs pour concentrer la lumière du soleil sur un récepteur contenant un fluide caloporteur.

Centrales solaires à tours : Ces centrales utilisent des miroirs appelés héliostats pour concentrer la lumière du soleil sur une tour centrale contenant un récepteur. Le fluide caloporteur chauffé dans le récepteur est utilisé pour produire de la vapeur, qui alimente ensuite une turbine pour générer de l'électricité.

Centrales solaires à concentrateurs paraboliques : Ces centrales utilisent des miroirs paraboliques pour concentrer la lumière du soleil sur un tube récepteur situé au point focal du miroir. Le fluide caloporteur chauffé dans le récepteur est utilisé pour produire de la vapeur, qui alimente ensuite une turbine pour générer de l'électricité.

Les panneaux solaires thermiques contribuent à réduire les émissions de gaz à effet de serre en remplaçant les combustibles fossiles pour le chauffage et la production d'électricité. Selon l'Agence internationale de l'énergie (AIE), le solaire thermique pourrait réduire les émissions mondiales de CO_2 de plus de 800 millions de tonnes d'ici 2050 si son déploiement est accéléré. Cela représenterait une réduction significative des émissions de gaz à effet de serre et un pas en avant dans la lutte contre le réchauffement climatique.

11. L'innovation et la recherche

Les technologies propres, telles que l'énergie solaire, l'énergie éolienne, les véhicules électriques, les systèmes de stockage de l'énergie et les bâtiments à haute efficacité énergétique, peuvent contribuer à réduire les émissions de gaz à effet de serre et à créer une économie plus durable.

L'innovation et la recherche dans ce domaine doivent permettre de développer des technologies plus efficaces, plus abordables et plus largement disponibles. Par exemple, la recherche sur les batteries peut aider à améliorer la durée de vie et l'efficacité des batteries pour les véhicules électriques, ce qui pourrait aider à accélérer leur adoption par le grand public. De même, l'innovation dans les énergies renouvelables pourrait permettre de réduire leur coût et d'améliorer leur performance, les rendant ainsi plus compétitives par rapport aux combustibles fossiles.

Pour améliorer l'innovation et de la recherche en matière de technologies propres, il est important d'investir dans la recherche fondamentale et appliquée, ainsi que dans le développement de démonstrateurs technologiques. Les gouvernements et les entreprises peuvent travailler ensemble pour financer la recherche et le développement de technologies propres, ainsi que pour encourager la collaboration entre les secteurs public et privé.

Le stockage d'énergie

Le stockage de l'énergie joue un rôle crucial dans la transition vers un avenir énergétique durable et propre. Les avancées récentes dans la recherche et le développement de technologies de stockage d'énergie offrent des perspectives enthousiasmantes et optimistes pour relever les défis posés par l'intermittence des énergies renouvelables et la demande croissante en énergie.

Batteries avancées : Les batteries lithium-ion dominent actuellement le marché du stockage d'énergie, mais les chercheurs travaillent activement à développer des alternatives plus sûres, plus performantes et plus écologiques. Parmi ces alternatives, les batteries solides, les batteries lithium-soufre et les batteries à flux redox présentent un potentiel considérable pour améliorer la capacité de stockage, la durée de vie et la sécurité.

Stockage thermique : Le stockage thermique, qui consiste à stocker l'énergie sous forme de chaleur ou de froid, est une solution prometteuse pour une utilisation à grande échelle, notamment dans les centrales solaires thermiques et les systèmes de climatisation. Les matériaux à changement de phase et les fluides caloporteurs avancés sont des domaines de recherche clés pour améliorer l'efficacité et la capacité de stockage thermique.

Stockage par air comprimé : Le stockage d'énergie par air comprimé (CAES) est une technologie mature qui utilise l'air comprimé pour stocker l'énergie. Les chercheurs étudient de nouvelles approches pour améliorer l'efficacité et réduire les coûts des systèmes CAES, notamment en utilisant des matériaux innovants pour le stockage thermique et en développant des systèmes CAES modulaires et décentralisés.

Stockage d'hydrogène : L'hydrogène est considéré comme un vecteur énergétique prometteur pour le stockage et le transport d'énergie à grande échelle. Les avancées dans la production d'hydrogène à partir d'énergies renouvelables, le stockage sous forme solide (par exemple, les hydrures métalliques) et l'utilisation de piles à combustible pour la conversion d'hydrogène en électricité sont des pistes de recherche essentielles pour réaliser le potentiel de l'économie de l'hydrogène.

Supercapaciteurs : Les supercapaciteurs sont des dispositifs de stockage d'énergie qui peuvent se charger et se décharger rapidement, offrant ainsi une réponse rapide aux fluctuations de la demande en énergie. Les recherches actuelles se concentrent sur l'amélioration de la densité énergétique des supercapaciteurs en utilisant des matériaux nanostructurés, tels que les nanotubes de carbone, le graphène et les matériaux bidimensionnels.

Stockage mécanique : Le stockage mécanique d'énergie, tel que le stockage par pompage hydraulique et les volants d'inertie, est une autre voie prometteuse pour le stockage d'énergie à grande échelle. Les recherches en cours visent à améliorer la performance et à réduire les coûts de ces technologies. Par exemple, les ingénieurs étudient des matériaux et des conceptions avancées pour les volants d'inertie afin d'optimiser leur capacité de stockage et leur durée de vie, ainsi que le développement de systèmes de pompage hydraulique innovants pour une meilleure intégration avec les sources d'énergie renouvelable.

Stockage par conversion électrochimique : La recherche dans le domaine de la conversion électrochimique, comme les batteries redox organiques et les systèmes de conversion d'énergie solaire en carburants, offre des perspectives intéressantes pour le stockage de l'énergie à long terme. Ces technologies pourraient permettre de stocker l'énergie sous forme de carburants chimiques ou de molécules organiques, offrant une solution flexible et à haute densité énergétique pour le stockage et le transport d'énergie.

Les avancées en matière de recherche et de développement dans le domaine du stockage d'énergie offrent des perspectives enthousiasmantes pour un avenir énergétique propre et durable.

La capture et le stockage du carbone

La capture et le stockage du carbone (CSC) sont des technologies essentielles. Les chercheurs du monde entier travaillent sur de nouvelles approches et des technologies innovantes pour améliorer l'efficacité, la rentabilité et la durabilité des systèmes de CSC. Voici quelques-unes des pistes de recherche les plus prometteuses dans ce domaine.

Amélioration des procédés de capture du carbone : Les chercheurs travaillent sur de nouvelles méthodes de capture du CO_2, telles que les solvants avancés, les adsorbants solides et les membranes sélectives au CO_2, pour améliorer l'efficacité et réduire les coûts de capture du carbone. Ces technologies pourraient permettre de capturer le CO_2 directement à la source, par exemple dans les centrales électriques ou les installations industrielles, ou de l'extraire de l'air ambiant.

Utilisation du CO_2 capturé : Au lieu de simplement stocker le CO_2 capturé, les chercheurs étudient des moyens de l'utiliser comme matière première pour la production de carburants, de produits chimiques et de matériaux. L'électrolyse du CO_2, la conversion photocatalytique et la biotechnologie sont quelques-unes des approches prometteuses pour transformer le CO_2 en produits de valeur ajoutée, contribuant ainsi à créer une économie circulaire du carbone.

Stockage géologique du CO_2 : Le stockage géologique du CO_2, qui consiste à injecter le CO_2 capturé dans des formations géologiques profondes telles que les réservoirs de pétrole et de gaz épuisés ou les aquifères salins, est une méthode éprouvée pour stocker de grandes quantités de CO_2 à long terme. Les recherches en cours visent à améliorer la compréhension des mécanismes de stockage géologique, à surveiller l'intégrité des sites de stockage et à réduire les risques potentiels pour l'environnement et la sécurité.

Bioénergie avec capture et stockage du carbone (BECCS) : La BECCS combine la production d'énergie à partir de biomasse avec la capture et le stockage du CO_2." Cette approche prometteuse permet non seulement de produire de l'énergie renouvelable, mais aussi de retirer activement le CO_2 de l'atmosphère, contribuant ainsi à la lutte contre le changement climatique. Les recherches en cours se concentrent sur l'optimisation des systèmes BECCS, l'évaluation de leur impact environnemental et la sélection des cultures énergétiques appropriées pour minimiser les impacts sur la biodiversité et l'utilisation des terres.

Les perspectives prometteuses dans la recherche sur la capture et le stockage du carbone offrent un potentiel considérable pour contribuer à la réduction des émissions de gaz à effet de serre et à la lutte contre le changement climatique. Alors que nous continuons à progresser dans notre compréhension et notre maîtrise de ces technologies, nous nous rapprochons d'un avenir où il sera possible de gérer efficacement les émissions de carbone et de soutenir une transition énergétique durable et respectueuse de l'environnement.

L'énergie hydrogène

L'énergie hydrogène est l'une des sources d'énergie les plus prometteuses et durables pour l'avenir. L'hydrogène est l'élément chimique le plus léger et le plus abondant dans l'univers, représenté par le symbole H et ayant un numéro atomique de 1. Il a été découvert en 1766 par le scientifique britannique Henry Cavendish, qui a observé sa production lorsqu'il a fait réagir de l'acide avec du métal. À l'état naturel, l'hydrogène se trouve principalement sous forme gazeuse et se combine souvent avec d'autres éléments, comme l'oxygène pour former de l'eau (H_2O). L'hydrogène, en tant que vecteur énergétique propre et polyvalent, peut être utilisé dans diverses applications, notamment le transport, la production d'électricité et le stockage d'énergie. Les chercheurs du monde entier travaillent sans relâche pour développer des technologies innovantes et améliorer les processus existants afin de rendre l'énergie hydrogène plus efficace, économique et respectueuse de l'environnement. Voici quelques-unes des pistes de recherche les plus prometteuses dans ce domaine :

L'hydrogène blanc ou natif, aussi appelé hydrogène naturel, est le dihydrogène présent dans la nature et non produit en laboratoire ou industriellement. Il est différent de l'hydrogène vert, issu des énergies renouvelables, et de l'hydrogène gris/brun/noir, obtenu à partir de sources fossiles. L'hydrogène natif est moins polluant et moins coûteux à exploiter que l'hydrogène industriel. Il provient de diverses sources, telles que la réaction de l'eau avec les roches ultrabasiques, la décomposition de la matière organique ou l'activité biologique. L'hydrogène natif a été identifié dans diverses roches mères, souvent hors des bassins sédimentaires exploités par les compagnies pétrolières. Il est extrait de puits et mélangé à d'autres gaz comme l'azote, le méthane ou l'hélium. L'hydrogène natif peut jouer un rôle important dans la transition écologique en éliminant l'étape énergivore de synthèse du dihydrogène. Les réserves récupérables d'hydrogène natif pourraient suffire à satisfaire la demande mondiale pendant des millénaires.

Production d'hydrogène à partir d'énergies renouvelables : La production d'hydrogène par électrolyse de l'eau à partir d'énergies renouvelables, comme l'énergie solaire ou éolienne, est une approche prometteuse pour obtenir de l'hydrogène propre et respectueux de l'environnement. Les chercheurs travaillent sur l'amélioration de l'efficacité et la réduction des coûts de l'électrolyse, en développant de nouveaux matériaux pour les électrolyseurs et en optimisant les systèmes d'électrolyse à grande échelle.

Piles à combustible à hydrogène : Les piles à combustible à hydrogène sont des dispositifs qui convertissent l'énergie chimique de l'hydrogène en électricité. Les chercheurs travaillent sur l'amélioration de la performance, la durabilité et la réduction des coûts des piles à combustible en développant de nouveaux matériaux pour les membranes échangeuses de protons, les catalyseurs et les électrodes.

Hydrogène vert à partir de biomasse : La production d'hydrogène vert à partir de biomasse est une autre approche prometteuse pour obtenir de l'hydrogène propre. Les chercheurs étudient différentes méthodes, telles que la gazéification, la pyrolyse et la fermentation, pour convertir efficacement la biomasse en hydrogène, tout en minimisant les émissions de gaz à effet de serre et en valorisant les déchets agricoles et forestiers.

Intégration de l'hydrogène dans les infrastructures énergétiques existantes : Pour faciliter la transition vers une économie de l'hydrogène, il est essentiel d'intégrer l'hydrogène dans les infrastructures énergétiques existantes. Les chercheurs étudient des moyens d'injecter de l'hydrogène dans les réseaux de gaz naturel, de développer des centrales électriques hybrides à base d'hydrogène et de gaz naturel, et d'adapter les infrastructures de transport et de distribution d'énergie pour accueillir l'hydrogène.

L'énergie hydrogène offrent un potentiel énorme pour révolutionner notre système énergétique et contribuer à la transition vers une économie sobre en carbone. Nous nous rapprochons d'un avenir où l'hydrogène jouera un rôle clé dans la décarbonation de nos industries et la réalisation de nos objectifs climatiques.

Biocarburants avancés

Les biocarburants avancés sont en train de révolutionner le paysage énergétique en offrant des alternatives renouvelables, durables et respectueuses de l'environnement aux combustibles fossiles traditionnels. Les chercheurs du monde entier travaillent sans relâche pour découvrir et développer des technologies novatrices et améliorer les processus existants afin de rendre les biocarburants avancés plus efficaces, économiques et écologiques. Voici quelques-unes des pistes de recherche les plus prometteuses dans ce domaine :

Biocarburants de deuxième génération : Les biocarburants de deuxième génération sont produits à partir de biomasse non alimentaire, telle que les résidus agricoles, les déchets forestiers et les plantes à croissance rapide. Les chercheurs travaillent sur des méthodes innovantes pour convertir ces matières premières en biocarburants, tels que la gazéification, la pyrolyse et les traitements enzymatiques, afin de réduire la concurrence avec les cultures alimentaires et d'améliorer la durabilité des biocarburants.

Biocarburants de troisième génération : Les biocarburants de troisième génération sont produits à partir de microalgues, qui présentent un potentiel énorme pour la production de biocarburants en raison de leur croissance rapide et de leur capacité à accumuler de grandes quantités de lipides. Les chercheurs étudient des moyens d'optimiser la croissance des microalgues, d'améliorer leur productivité en lipides et de développer des procédés efficaces pour extraire les lipides et les convertir en biocarburants.

Biocarburants à base de déchets : La production de biocarburants à partir de déchets, tels que les déchets ménagers et les déchets industriels, est une approche prometteuse pour transformer les déchets en ressources précieuses et réduire les émissions de gaz à effet de serre. Les chercheurs étudient des technologies avancées de conversion thermochimique, biochimique et mécano-chimique pour convertir les déchets en biocarburants de haute qualité.

Biocarburants électrofuels (e-Fuel) : Les électrofuels sont des biocarburants produits à partir de CO_2 et d'énergie renouvelable, en utilisant des microorganismes électrotrophes qui peuvent convertir le CO_2 en carburants grâce à l'énergie électrique. Les chercheurs travaillent sur l'amélioration de l'efficacité de ce processus et la sélection de souches microbiennes optimales pour la production d'électrofuels.

Amélioration des biocatalyseurs : Les biocatalyseurs, tels que les enzymes et les microorganismes, jouent un rôle essentiel dans la conversion de la biomasse en biocarburants. Les chercheurs explorent des approches telles que l'évolution dirigée, la conception rationnelle d'enzymes et la métagénomique pour découvrir et améliorer les biocatalyseurs pour une conversion plus efficace et spécifique de la biomasse en biocarburants.

Intégration des biocarburants dans les infrastructures énergétiques existantes : Afin de faciliter l'adoption des biocarburants avancés, il est crucial de les intégrer dans les infrastructures énergétiques existantes. Les chercheurs étudient des moyens d'adapter les moteurs et les systèmes de distribution de carburant pour accepter des mélanges plus élevés de biocarburants, ainsi que le développement de normes et de réglementations pour assurer la qualité et la compatibilité des biocarburants avec les infrastructures actuelles.

Les perspectives pour les biocarburants avancés sont incroyablement prometteuses.

L'avenir de l'énergie solaire

L'énergie solaire est l'une des sources d'énergie renouvelable les plus prometteuses et abondantes disponibles sur notre planète. Les progrès récents dans la recherche sur les matériaux ont permis d'améliorer considérablement l'efficacité et la rentabilité des technologies solaires. Voici quelques-unes des pistes de recherche les plus prometteuses et enthousiasmantes dans le domaine des nouveaux matériaux pour l'énergie solaire :

Cellules solaires à base de pérovskite : Les cellules solaires à base de pérovskite sont une avancée majeure dans le domaine de l'énergie solaire, offrant des rendements élevés à un coût beaucoup plus faible que les cellules solaires en silicium traditionnelles. Les chercheurs travaillent sur l'amélioration de la stabilité, la durabilité et la compatibilité environnementale des cellules solaires à base de pérovskite, ainsi que sur le développement de méthodes de fabrication à grande échelle pour accélérer leur adoption sur le marché.

Nanotechnologie et cellules solaires : L'application de la nanotechnologie aux cellules solaires offre un potentiel énorme pour améliorer leur efficacité et réduire leur coût. Les chercheurs explorent l'utilisation de nanocristaux, de nanotubes de carbone et de graphène pour améliorer la capacité des cellules solaires à absorber et convertir la lumière du soleil en électricité.

Cellules solaires à multi-jonctions : Les cellules solaires à multi-jonctions sont conçues pour capturer et convertir différentes parties du spectre solaire en électricité, ce qui améliore considérablement leur efficacité globale. Les chercheurs travaillent sur l'amélioration des matériaux et des techniques de fabrication pour les cellules solaires à multi-jonctions, dans le but de rendre cette technologie plus abordable et accessible.

Matériaux à changement de phase pour le stockage thermique solaire : Le stockage thermique solaire est essentiel pour permettre l'utilisation de l'énergie solaire même lorsque le soleil ne brille pas. Les matériaux à changement de phase, qui stockent et libèrent de l'énergie thermique en changeant d'état (par exemple, en passant de solide à liquide), sont une solution prometteuse pour le stockage thermique solaire. Les chercheurs étudient de nouveaux matériaux à changement de phase pour améliorer l'efficacité et la capacité de stockage de ces systèmes.

Revêtements anti-reflets et auto-nettoyant pour les panneaux solaires : Les revêtements anti-reflets peuvent améliorer l'efficacité des panneaux solaires en réduisant les pertes de lumière dues à la réflexion. De plus, les revêtements auto-nettoyants aident à maintenir la propreté des panneaux solaires, ce qui réduit la maintenance et améliore leur performance.

Les innovations en matière de cellules solaires à base de pérovskite, de nanotechnologie, de cellules solaires à multi-jonctions, de matériaux à changement de phase pour le stockage thermique solaire et de revêtements pour les panneaux solaires ont le potentiel de révolutionner le secteur de l'énergie solaire.

Les réseaux électriques intelligents

Les réseaux électriques intelligents sont la clé pour transformer notre système énergétique en une infrastructure plus efficace, fiable et durable. Ils permettent une meilleure intégration des sources d'énergie renouvelable, une gestion optimisée de la demande et une réduction des pertes d'énergie. Voici quelques-unes des pistes de recherche les plus prometteuses et enthousiasmantes dans ce domaine :

Gestion avancée de la demande : Les technologies de gestion avancée de la demande permettent d'équilibrer la consommation d'énergie avec la production en temps réel, en ajustant la demande en fonction de l'offre. Les chercheurs travaillent sur des algorithmes et des systèmes de contrôle intelligents pour optimiser la consommation d'énergie et faciliter la participation des consommateurs aux programmes de réponse à la demande.

Intégration des énergies renouvelables : Les réseaux électriques intelligents jouent un rôle crucial dans l'intégration des énergies renouvelables, telles que l'énergie solaire et éolienne, qui sont variables et intermittentes par nature. Les chercheurs développent des solutions pour améliorer la prévision de la production d'énergie renouvelable, ainsi que des technologies de stockage d'énergie pour compenser les fluctuations de production et assurer la stabilité du réseau.

Microgrids et systèmes énergétiques distribués : Les microgrids et les systèmes énergétiques distribués permettent une production d'énergie décentralisée et une gestion plus efficace de l'énergie au niveau local. Les chercheurs étudient des solutions pour optimiser la planification, la conception et le fonctionnement des microgrids, en tenant compte de l'interaction entre les différentes sources d'énergie et les charges.

Cybersécurité et protection des réseaux électriques intelligents : Avec l'augmentation de la connectivité et de l'automatisation des réseaux électriques, la cybersécurité devient une préoccupation majeure. Les chercheurs travaillent sur des stratégies et des technologies pour protéger les réseaux électriques intelligents contre les cyberattaques et garantir la confidentialité des données des consommateurs.

Les innovations en matière de gestion de la demande, d'intégration des énergies renouvelables, de microgrids, de stockage d'énergie et de cybersécurité ont le potentiel de transformer notre infrastructure énergétique en un réseau plus résilient, efficient et respectueux de l'environnement. À mesure que ces technologies se développent et se déploient à grande échelle, nous pouvons nous attendre à une meilleure intégration des sources d'énergie renouvelable, une réduction de notre dépendance aux combustibles fossiles et une amélioration de la fiabilité et de la sécurité de notre approvisionnement en énergie.

Innovations révolutionnaires

Dans la quête incessante de solutions pour lutter contre le réchauffement climatique, les nouvelles technologies et la recherche scientifique jouent un rôle primordial. Ce chapitre se concentrera sur les avancées technologiques prometteuses et les concepts innovants qui pourraient façonner un futur plus durable. Nous explorerons les développements dans des domaines tels que la fusion nucléaire, la supraconductivité, l'intelligence artificielle, les véhicules autonomes, les bâtiments à énergie positive et bien d'autres.

La fusion nucléaire : Cette source d'énergie potentielle, qui reproduit les réactions qui se produisent au cœur du Soleil, pourrait fournir une énergie propre et illimitée, sans les déchets radioactifs et les dangers associés à la fission nucléaire actuelle. Des projets comme ITER et SPARC visent à réaliser la première réaction de fusion contrôlée, marquant le début d'une nouvelle ère énergétique.

La supraconductivité : Les supraconducteurs, des matériaux qui permettent le passage du courant électrique sans résistance ni perte d'énergie, pourraient révolutionner le transport et le stockage de l'électricité. Des recherches sont en cours pour développer des supraconducteurs à températures plus élevées et plus accessibles.

L'intelligence artificielle (IA) : L'IA peut contribuer à optimiser la production, la distribution et la consommation d'énergie, et aider à concevoir des solutions plus efficaces pour réduire les émissions de gaz à effet de serre. Par exemple, l'IA peut être utilisée pour optimiser les systèmes de transport, améliorer la gestion des ressources et faciliter la transition vers les énergies renouvelables.

Les véhicules autonomes : Les voitures sans conducteur pourraient réduire les embouteillages et la consommation de carburant, tout en améliorant la sécurité routière.

Les bâtiments à énergie positive : Ces bâtiments sont conçus pour produire plus d'énergie qu'ils n'en consomment, grâce à l'utilisation de panneaux solaires, d'isolation thermique avancée et de systèmes de récupération d'énergie. Ils représentent un modèle d'avenir pour la construction durable.

Les centrales solaires spatiales : En plaçant des panneaux solaires en orbite autour de la Terre, il est possible de capter l'énergie solaire de manière constante et sans interruption. Cette énergie peut ensuite être transmise sans fil à la surface terrestre, offrant une source d'énergie propre et inépuisable.

Transformer le dioxyde de carbone en carburant : Des chercheurs travaillent sur des méthodes pour capturer le CO_2 et le transformer en carburants synthétiques, réduisant ainsi les émissions et fournissant une alternative aux combustibles fossiles.

Les enzymes synthétiques : En développant des enzymes artificielles, les scientifiques espèrent améliorer la capacité des plantes à absorber davantage de CO_2 de l'atmosphère. Cette approche pourrait augmenter significativement la séquestration du carbone par la biomasse végétale, contribuant ainsi à la réduction des gaz à effet de serre.

Du soufre dans la stratosphère : Certaines propositions audacieuses suggèrent d'injecter des particules de soufre dans la stratosphère pour réfléchir une partie de l'énergie solaire et ainsi diminuer le réchauffement climatique. Bien que cette solution soulève des questions éthiques et environnementales, elle témoigne de l'inventivité des chercheurs pour trouver des moyens de lutter contre le réchauffement climatique.

La géo-ingénierie océanique : Cette approche

consiste à stimuler la croissance du phytoplancton dans les océans, en ajoutant des nutriments comme le fer. Le phytoplancton absorbe le CO2 et le stocke sous forme de biomasse, contribuant ainsi à réduire les concentrations de CO2 dans l'atmosphère.

Les batteries à flux redox : Les batteries à flux redox offrent une alternative aux batteries lithium-ion traditionnelles pour le stockage de l'énergie renouvelable. Elles présentent des avantages en termes de durée de vie, de capacité de stockage et de recyclabilité, ce qui pourrait faciliter l'adoption généralisée des énergies renouvelables.

L'énergie des vagues : Les technologies d'énergie des vagues, encore en développement, visent à exploiter l'énergie cinétique des vagues pour produire de l'électricité. Cette source d'énergie renouvelable et propre pourrait contribuer à diversifier notre approvisionnement énergétique et à réduire notre dépendance aux combustibles fossiles.

Les matériaux piézoélectriques : Les matériaux piézoélectriques génèrent de l'électricité lorsqu'ils sont soumis à une pression ou une déformation mécanique. Ils pourraient être utilisés pour capter l'énergie produite par les mouvements du corps humain, la circulation routière ou les vibrations des machines, offrant ainsi des sources d'énergie alternatives et durables.

Protéines alternatives : Le développement et la promotion de sources de protéines alternatives, comme les protéines végétales ou les produits à base de cellules animales, pourraient réduire la dépendance à l'élevage et, par conséquent, les émissions de gaz à effet de serre liées à ce secteur.

Géo-ingénierie solaire : Bien que controversée, la recherche sur la géo-ingénierie solaire, qui vise à réduire la quantité de rayonnement solaire atteignant la surface terrestre, pourrait offrir des solutions potentielles pour atténuer les effets du réchauffement climatique.

Bâtiments à énergie positive : les bâtiments à énergie positive sont conçus pour produire plus d'énergie qu'ils n'en consomment, grâce à l'utilisation de technologies d'efficacité énergétique et de production d'énergie renouvelable. Des recherches sont en cours pour développer des matériaux de construction et des systèmes de gestion d'énergie plus efficaces pour rendre ces bâtiments plus accessibles.

Nouveaux matériaux pour l'énergie solaire : des chercheurs travaillent sur le développement de nouveaux matériaux pour les panneaux solaires, tels que les pérovskites et les cellules solaires organiques, qui pourraient être plus efficaces, moins chers et plus faciles à produire que les panneaux solaires traditionnels.

Agriculture de précision : l'agriculture de précision utilise des technologies telles que les drones, les capteurs et les données pour optimiser la production agricole. Cela peut aider à réduire les émissions de gaz à effet de serre en réduisant le gaspillage et en améliorant l'efficacité de l'utilisation des engrais et des pesticides.

Capture directe de l'air : la capture directe de l'air est une technologie qui permet de capturer le dioxyde de carbone directement à partir de l'air ambiant. Cette technologie peut contribuer à réduire les émissions de gaz à effet de serre en permettant de retirer du CO_2 de l'atmosphère, mais elle est encore en développement et nécessite des améliorations pour être rentable et efficace.

Stockage d'énergie à grande échelle : le stockage d'énergie à grande échelle est une technologie qui peut aider à équilibrer l'offre et la demande d'électricité en stockant l'énergie produite par les sources renouvelables pour une utilisation ultérieure. Des recherches sont en cours pour développer des systèmes de stockage d'énergie plus efficaces et moins coûteux.

Micro-réseaux énergétiques : les micro-réseaux énergétiques sont des réseaux de production, de stockage et de distribution d'énergie qui peuvent fonctionner de manière autonome ou être intégrés aux réseaux électriques plus larges. Ces systèmes peuvent aider à réduire les émissions de gaz à effet de serre en permettant une production et une distribution d'énergie plus locales et en utilisant des sources d'énergie renouvelable.

L'avenir de notre planète dépend de notre capacité à innover et à adopter des solutions durables pour lutter contre le réchauffement climatique. Les avancées technologiques et les concepts révolutionnaires présentés dans ce chapitre ne sont que quelques exemples de ce qui est possible. Il est essentiel d'encourager la recherche et le développement pour continuer à explorer de nouvelles idées et technologies.

Toutes ces innovations nécessitent encore des recherches et des investissements pour être développées et mises en œuvre à grande échelle. Il faudra peut-être du temps avant qu'elles ne soient largement disponibles et abordables.

Il est également important de promouvoir la diffusion des technologies propres dans les marchés mondiaux. Cela peut se faire par le biais de politiques telles que des incitations fiscales pour les entreprises qui adoptent des technologies propres, des subventions pour les consommateurs qui achètent des produits à faible émission de carbone, et des politiques commerciales qui encouragent l'adoption de technologies propres.

12.La coopération internationale

Depuis de nombreuses années, les gouvernements du monde entier se sont engagés à travailler ensemble pour réduire les émissions de gaz à effet de serre et lutter contre le réchauffement climatique. Cette coopération a conduit à plusieurs traités et accords internationaux importants sur le changement climatique.

Le premier traité sur le changement climatique est la Convention-cadre des Nations unies sur les changements climatiques (CCNUCC), signée en 1992 lors du Sommet de la Terre à Rio de Janeiro. La CCNUCC a établi le cadre général pour les efforts internationaux de lutte contre le changement climatique. Depuis lors, plusieurs autres accords et traités ont été adoptés, notamment le Protocole de Kyoto en 1997, l'Accord de Paris en 2015 et la COP24 en 2018.

Accord/traité	Date	Lieu
Convention-cadre des Nations unies sur les changements climatiques (CCNUCC)	1992	Rio de Janeiro, Brésil
Protocole de Kyoto	1997	Kyoto, Japon
Accords de Marrakech	2001	Marrakech, Maroc
Plan d'action de Bali	2007	Bali, Indonésie
Accord de Copenhague	2009	Copenhague, Danemark
Accord de Paris	2015	Paris, France
COP24	2018	Katowice, Pologne

Cependant, malgré ces accords et traités internationaux, les émissions de gaz à effet de serre continuent d'augmenter à un rythme alarmant. Il y a plusieurs raisons à cela. Tout d'abord, certains pays, notamment les États-Unis, ont refusé de ratifier certains accords ou de s'engager à réduire leurs émissions de gaz à effet de serre. De plus, même les pays qui se sont engagés à réduire leurs émissions ne respectent souvent pas leurs engagements.

Cependant, il est important de continuer à promouvoir la coopération internationale pour la lutte contre le changement climatique. Le réchauffement climatique est un problème mondial qui ne peut être résolu par un seul pays ou une seule région. Il faut une collaboration mondiale pour trouver des solutions efficaces et durables.

Pour améliorer la situation, il est important de renforcer la transparence et la responsabilité dans les accords et les traités internationaux. Les pays doivent être encouragés à respecter leurs engagements et à faire rapport sur leurs progrès en matière de réduction des émissions de gaz à effet de serre. Les pays développés doivent également aider les pays en développement à mettre en place des systèmes de réduction des émissions de gaz à effet de serre.

En outre, il est important de promouvoir l'innovation et la recherche dans les énergies renouvelables et les technologies propres. Les gouvernements doivent encourager les investissements dans ces domaines et soutenir les entreprises qui développent des technologies de pointe pour lutter contre le changement climatique.

Enfin, la sensibilisation et l'éducation du public sont essentielles pour encourager les comportements durables et la réduction des émissions de gaz à effet de serre. Les gouvernements doivent investir dans des campagnes de sensibilisation du public pour expliquer les impacts du changement climatique et encourager les individus à adopter des modes de vie plus durables.

La coopération internationale est essentielle pour lutter contre le changement climatique. Bien que les résultats de certains accords et traités internationaux soient décevants, il est important de continuer à promouvoir la collaboration mondiale pour trouver des solutions efficaces et durables. Les gouvernements doivent renforcer la transparence et la responsabilité dans les accords et les traités internationaux, promouvoir l'innovation et la recherche dans les énergies renouvelables et les technologies propres, et sensibiliser le public aux impacts du changement climatique et à l'importance de réduire les émissions de gaz à effet de serre. En travaillant ensemble, nous pouvons relever le défi du changement climatique et protéger notre planète pour les générations futures.

Tarification du carbone

La tarification du carbone est une approche économique visant à encourager les acteurs économiques à réduire leurs émissions de gaz à effet de serre en les rendant responsables des coûts de leurs émissions. Cette tarification vise à internaliser le coût environnemental du carbone dans les décisions économiques. L'objectif est de stimuler l'innovation technologique, de réduire les émissions de gaz à effet de serre et d'accélérer la transition vers une économie sobre en carbone.

L'impact financier sur les choix collectifs et

individuels est crucial. La tarification du carbone permet de créer une incitation économique pour les entreprises et les particuliers afin qu'ils réduisent leurs émissions de gaz à effet de serre. Elle peut prendre la forme d'une taxe sur les émissions de carbone ou d'un système d'échange de quotas d'émission (cap and trade). Dans un système d'échange de quotas d'émission, les entreprises reçoivent une allocation de quotas d'émission qui peuvent être échangés sur un marché. Les entreprises qui parviennent à réduire leurs émissions peuvent vendre leurs quotas excédentaires, tandis que les entreprises qui ne parviennent pas à respecter leurs quotas peuvent acheter des quotas supplémentaires.

Plusieurs accords ont été négociés et signés pour encourager la tarification du carbone. L'accord de Paris sur le climat en 2015 a établi un cadre pour limiter le réchauffement climatique à moins de 2°C. L'accord reconnaît que les instruments de marché, tels que les taxes sur le carbone ou les systèmes d'échange de quotas d'émission, peuvent contribuer de manière significative à l'atténuation du changement climatique.

Cependant, malgré les efforts internationaux, la tarification du carbone n'a pas encore été adoptée par tous les pays et il y a encore beaucoup de travail à faire pour atteindre une tarification universelle et efficace du carbone. Pour accélérer le processus, les gouvernements peuvent offrir des incitations économiques pour encourager l'adoption de la tarification du carbone, telles que des subventions pour les investissements dans les technologies à faible émission de carbone, des crédits d'impôt pour les entreprises qui réduisent leurs émissions de carbone, ou encore des mesures visant à encourager les investissements dans les énergies renouvelables.

Il est également important de prendre en compte l'impact de la tarification du carbone sur les populations à faible revenu, qui peuvent être plus durement touchées par les coûts supplémentaires. Pour minimiser cet impact, des mesures de compensation peuvent être mises en place pour aider les populations à faible revenu à faire face à des coûts d'énergie plus élevés. Ces mesures pourraient inclure des programmes de subventions pour l'achat d'équipements économes en énergie ou des programmes de soutien pour les foyers à faible revenu.

La tarification du carbone est un outil important pour réduire les émissions de gaz à effet de serre et accélérer la transition vers une économie sobre en carbone. Bien que son adoption soit encore en cours, il est important que les gouvernements, les entreprises et les particuliers continuent de soutenir son développement

La tarification du carbone peut avoir un impact disproportionné sur les populations à faible revenu. Ces populations ont souvent une consommation d'énergie plus élevée par rapport à leur revenu, et une augmentation du coût de l'énergie pourrait donc les affecter de manière plus importante.

Il existe des solutions pour atténuer cet impact,

en utilisant les revenus issus de la tarification du carbone pour financer des programmes de soutien aux populations à faible revenu, tels que des programmes d'efficacité énergétique, des programmes de rénovation de logements, ou encore des programmes de transports en commun à tarifs réduits.

La tarification du carbone doit être envisagée comme un élément d'une stratégie globale de lutte contre le changement climatique, qui comprend également des mesures visant à favoriser la transition vers des énergies renouvelables, à améliorer l'efficacité énergétique, à promouvoir l'innovation technologique, ou encore à encourager les changements de comportement des consommateurs.

13.S'adapter aux effets climatiques

Le changement climatique est en cours et ses effets sont déjà ressentis dans de nombreuses parties du monde. Les sécheresses, les inondations, les tempêtes, la hausse du niveau de la mer et les vagues de chaleur sont autant de signes qui montrent que nous devons nous adapter aux conséquences du réchauffement climatique.

Pour faire face à ces défis, nous devons renforcer nos infrastructures pour résister aux événements climatiques extrêmes tels que les inondations, les tempêtes, la grêle, les sécheresses et les canicules. Les hôpitaux et les maisons de retraite doivent également être équipés pour faire face aux vagues de chaleur et aux périodes de canicules, en adaptant le personnel et les équipements.

Nous devons également anticiper les migrations de population qui seront contraintes de quitter des lieux qui pourraient devenir simplement inhabitables. Des solutions doivent être proposées pour les accompagner et les aider à se réinstaller dans des lieux plus adaptés.

Pour faire face aux pénuries d'eau, des réserves d'eau doivent être construites pour prévoir les périodes de sécheresse. Il est également important de favoriser la conservation et la réutilisation de l'eau pour limiter les gaspillages.

En ce qui concerne la climatisation, il est

important de la rendre accessible à tous, y compris aux populations à faible revenu. Des projets de solidarité pourraient être mis en place pour aider les personnes les plus vulnérables à s'équiper d'appareils de climatisation.

Dans l'ensemble, il est important de mettre en place des solutions pour s'adapter aux effets du changement climatique, en privilégiant les solutions les plus efficaces. Les mesures d'adaptation doivent être intégrées dans la planification urbaine, les politiques de développement régional et les programmes d'action nationaux pour l'adaptation au changement climatique.

En fin de compte, l'adaptation au changement climatique est une nécessité pour assurer la résilience de nos sociétés et de nos économies face aux défis climatiques futurs.

Voice des solutions pour s'adapter aux effets du réchauffement climatique :

Végétalisation urbaine : Planter des arbres et des plantes dans les villes pour réduire les îlots de chaleur et améliorer la qualité de l'air.

Protection côtière : Renforcer les digues, construire des barrages pour protéger les zones côtières contre les tempêtes et l'érosion.

Récupération de l'eau : Mettre en place des systèmes de récupération d'eau de pluie pour faire face aux périodes de sécheresse.

Infrastructure résiliente : Concevoir et construire des infrastructures résilientes aux événements climatiques extrêmes tels que les ouragans, les inondations et les sécheresses.

Adaptation des habitats : Adapter les habitats humains pour résister aux effets du changement climatique, tels que la construction de maisons surélevées pour faire face à la montée du niveau de la mer et l'installation de systèmes de climatisation dans les zones à risque de canicule.

Planifier les infrastructures pour prendre en compte les impacts du changement climatique à long terme.

Utiliser des matériaux de construction résistants aux conditions météorologiques extrêmes, tels que les toits solides pour résister aux vents violents.

Utiliser des pratiques agricoles durables, telles que l'agriculture de conservation, pour conserver l'eau et préserver les sols contre l'érosion due à des précipitations accrues.

Protéger et restaurer les écosystèmes tels que les mangroves, les récifs coralliens et les forêts, qui fournissent des services écosystémiques importants tels que la protection contre les tempêtes et l'atténuation du changement climatique.

Développer des technologies de dessalement pour garantir l'approvisionnement en eau potable dans les régions touchées par la sécheresse.

Promouvoir l'agroforesterie pour améliorer la

résilience des cultures face aux événements climatiques extrêmes.

Favoriser la diversité des cultures pour permettre une meilleure adaptation aux conditions météorologiques changeantes.

Développer des solutions de logement pour les populations qui doivent être déplacées en raison de l'élévation du niveau de la mer ou d'autres événements climatiques extrêmes.

Éducation : Informer et sensibiliser la population sur les effets du changement climatique et les moyens de s'y adapter.

Encourager les initiatives de participation citoyenne pour sensibiliser la population aux enjeux du changement climatique et impliquer les citoyens dans la transition vers une ville plus durable.

L'adaptation des villes et des infrastructures

L'adaptation des villes et des infrastructures est devenue une priorité face au changement climatique. Les villes sont responsables d'une grande partie des émissions de gaz à effet de serre, mais elles sont également les plus exposées aux impacts climatiques tels que les canicules, les inondations ou les tempêtes. Pour répondre à ces défis, de nombreuses initiatives ont vu le jour, telles que la construction de téléphériques urbains fonctionnant à l'électricité. Ces solutions innovantes permettent de repenser la mobilité urbaine en réduisant les émissions de gaz à effet de serre et en améliorant la qualité de l'air. Dans ce chapitre, nous allons explorer les différentes solutions d'adaptation pour les villes et les infrastructures, et comment ces initiatives peuvent contribuer à un avenir plus durable.

Voici des solutions pour adapter les villes et les infrastructures aux effets du changement climatique :

Développer des infrastructures pour la mobilité bas carbone (vélo, trottinette, piéton) afin de réduire les émissions de GES liées aux transports.

Mettre en place des zones à faible émission de GES pour limiter la pollution atmosphérique.

Planter des arbres dans les villes pour réduire l'effet de chaleur lors des canicules et améliorer la qualité de l'air.

Développer des solutions de partage de véhicules bas carbone (vélo, VAE, trottinette, voiture électrique) pour réduire l'utilisation des véhicules à moteur thermique.

Utiliser des couleurs blanches ou claires pour favoriser la réflexion et diminuer la température des sols et des murs.

Mettre en place des points d'eau pour rafraîchir et s'hydrater pendant les périodes de canicule.

Réduire l'artificialisation des sols et favoriser la végétalisation pour limiter les îlots de chaleur urbains.

Mettre en place des toitures et des murs végétaux pour améliorer la qualité de l'air et réduire l'effet de chaleur.

Utiliser des éclairages LED pour réduire la consommation d'énergie et les émissions de GES liées à l'éclairage public.

Mettre en place des stations de recharge pour les véhicules électriques pour encourager leur utilisation.

Favoriser l'utilisation de véhicules de transport en commun à faible émission de GES (bus, tramway) pour réduire les émissions de GES liées aux transports.

Utiliser des revêtements de sols poreux pour favoriser l'infiltration des eaux de pluie et éviter les inondations.

Mettre en place des programmes de sensibilisation pour encourager les comportements écologiques chez les habitants des villes et promouvoir un mode de vie plus durable.

Ces solutions peuvent être mises en place de manière progressive et adaptées aux besoins spécifiques de chaque ville ou région, en fonction des contraintes et des ressources disponibles.

La gestion des risques climatiques

Le réchauffement climatique est une réalité, et nous devons nous préparer à faire face aux conséquences qui en découlent. Des événements climatiques extrêmes tels que les inondations, les tempêtes, les vagues de chaleur et les sécheresses peuvent mettre en danger la vie des populations et provoquer des pertes économiques importantes.

Il est donc primordial de mettre en place des mesures pour anticiper et gérer ces risques climatiques. La priorité doit être de sauver des vies et de protéger les populations contre les dangers climatiques.

Il est nécessaire de développer des systèmes d'alertes climatiques efficaces, en utilisant les infrastructures de communication mobile pour diffuser les informations rapidement et de manière fiable. Il est également important d'améliorer les systèmes de détection et de suivi des risques météorologiques, ainsi que les prévisions météorologiques pour pouvoir anticiper les événements climatiques.

En tant que solution, il est crucial de renforcer les systèmes de secours en cas d'inondation, de tempête, de tornade et de cyclone. Il est également essentiel de développer des équipements de sauvetage pour aider les populations à se protéger contre les risques climatiques.

Nous devons prendre au sérieux la gestion des risques climatiques et travailler ensemble pour anticiper et minimiser les conséquences de ces événements pour les populations.

En ce qui concerne les solutions pour la gestion des risques climatiques, l'amélioration des systèmes de secours est primordiale. De nouveaux risques climatiques, tels que les inondations, nécessitent des équipements de secours spécifiques pour sauver des vies. Des solutions de secours doivent également être développées pour faire face aux tempêtes, tornades et autres cyclones.

En somme, la gestion des risques climatiques est une question de vie ou de mort, et la préparation et la mise en place de mesures efficaces pour y faire face doivent être une priorité absolue pour les gouvernements et les communautés.

Voici une liste de solutions :

Mise en place de systèmes de détection et de suivi des risques météorologiques : cela permettrait de suivre l'évolution des événements climatiques et de réagir rapidement en cas de danger.

Amélioration des systèmes de prévision météorologique : cela permettrait d'anticiper les événements climatiques extrêmes et de mieux préparer la population à y faire face.

Développement de solutions d'alerte climatique via les infrastructures de communication mobile : cela permettrait de diffuser rapidement des informations importantes aux populations concernées.

Amélioration des systèmes de secours pour les risques climatiques tels que les inondations, les tempêtes, les tornades, les cyclones, etc. : cela permettrait de sauver des vies et de réduire les dégâts matériels.

Mise en place de plans d'urgence pour les événements climatiques extrêmes : cela permettrait de mobiliser rapidement les ressources nécessaires pour faire face à une situation d'urgence.

Sensibilisation de la population aux risques climatiques : cela permettrait de mieux informer les populations sur les dangers potentiels et de les encourager à adopter les mesures nécessaires pour se protéger.

Développer des équipements de protection individuelle pour les populations exposées aux risques climatiques, tels que les casques et les gilets de sauvetage pour les inondations.

Renforcer les capacités des organisations humanitaires pour faire face aux crises humanitaires résultant des événements climatiques extrêmes.

Mettre en place des programmes d'assurance pour aider les communautés à se remettre des dommages causés par les événements climatiques extrêmes.

Prévention des incendies : Informer le public

sur les causes des incendies de forêt et les moyens de les prévenir, appliquer des réglementations pour limiter l'utilisation du feu et planifier l'aménagement du territoire pour réduire les risques d'incendie.

Systèmes d'alerte précoce des Incendies : Surveillance par satellites, capteurs terrestres, tours de guet. Utiliser des technologies de surveillance pour détecter rapidement les départs de feu et permettre une intervention rapide des services d'incendie et de secours.

Formation et équipement des pompiers : Former les pompiers aux techniques spécifiques de lutte contre les incendies de forêt, leur fournir des équipements adéquats et renforcer la coopération entre les différentes agences et pays pour une réponse plus efficace.

Infrastructures de protection contre le risque incendie : Construire des coupe-feux pour ralentir la propagation des incendies, créer des bassins d'eau pour faciliter l'accès à l'eau pour éteindre les feux et aménager des voies d'accès pour faciliter l'intervention des pompiers.

Plans d'évacuation et de gestion des urgences : Mettre en place des plans d'évacuation pour les zones à risque, prévoir des centres d'accueil temporaires pour les personnes évacuées et informer régulièrement la population des risques et des actions à entreprendre.

14.L'énergie solaire cas d'étude

concrète pour une maison

La consommation moyenne d'une maison est un indicateur important pour comprendre la consommation d'énergie d'un ménage et éventuellement prendre des mesures pour la réduire. Cette consommation peut varier en fonction de nombreux facteurs tels que la taille de la maison, la localisation géographique, le type de chauffage utilisé, les équipements électriques, etc. Il est donc important de comprendre la consommation moyenne d'une maison pour prendre des mesures efficaces en matière d'efficacité énergétique et de réduction de la consommation d'énergie.

Superficie / Isolation	Faible (classe G) en (kWh/an)	Moyenne (classe D) en (kWh/an)	Bonne (classe B) en (kWh/an)	Très bonne (classe A) en (kWh/ an)
30 m²	6 600	4 950	3 750	2 250
60 m²	12 600	9 600	7 200	4 200
90 m²	18 000	13 500	9 900	5 850
150 m²	28 500	21 750	15 750	9 000

Ces chiffres sont des estimations basées sur des données moyennes pour des logements en France, mais ils peuvent varier en fonction de nombreux facteurs tels que la localisation géographique, le type de chauffage, le nombre d'occupants, etc.

Répartition de la consommation pour une maison

Dans le cadre de cette étude, nous allons considérer une maison de 100 m² ayant une consommation annuelle moyenne de 10000 kWh. Cela nous permettra de prendre un exemple concret pour illustrer différentes solutions

Estimant la consommation moyenne des équipements d'une maison de 100m² en France :

Équipement	Type	Consommation moyenne (kWh/
Chauffage	Radiateur électrique	8 000
	Pompe à chaleur (PAC)	3 000
Eau chaude sanitaire	Cumulus électrique	2 500
	Chauffe-eau thermodynamique	1 500
	Chauffe-eau solaire thermique	800
Éclairage	Standard (ampoules incandescentes)	500
	LED	150

Appareils ménagers	Réfrigérateur	500
	Congélateur	600
	Lave-linge	200
	Sèche-linge	500
	Lave-vaisselle	300
Électronique	Télévision	150
	Ordinateur	150
	Box internet	110
Autres équipements	Ventilateurs, etc.	200

*Note : Les valeurs de consommation sont des estimations moyennes basées sur une utilisation typique et peuvent varier en fonction des habitudes de consommation, de l'isolation de la maison et d'autres facteurs.

Production de CO2 par type d'énergie

Voici un tableau qui indique la production de CO2 pour une production de 10 000 kWh d'électricité :

Type d'énergie	Production de CO2 (en kg/kWh)	Production de CO2 pour 10 000 kWh (en kg)	Nombre d'arbres nécessaires pour absorber le CO2
Charbon	1,000	10 000	454
Pétrole	0,700	7 000	318
Gaz naturel	0,450	4 500	204
Biomasse	0,150	1 500	68 arbres
Géothermie	0,020	200	9 arbres
Nucléaire	0,00007	0,7	0 arbres
Éolien	0,000	0	0 arbres
Solaire	0,000	0	0 arbres
Hydraulique	0,000	0	0 arbres

Ces chiffres sont basés sur des moyennes et que la production de CO2 peut varier en fonction de nombreux facteurs tels que l'efficacité des centrales électriques et les technologies utilisées, la capacité des arbres à absorber le CO2 peut varier en fonction de nombreux facteurs tels que le type d'arbre et les conditions environnementales.

Le potentiel solaire est une ressource renouvelable abondante. L'exploitation de cette énergie propre et inépuisable offre une solution prometteuse pour lutter contre le réchauffement climatique et réduire notre dépendance aux combustibles fossiles. Nous étudierons un cas pratique d'installation photovoltaïque pour une maison de 100m² située dans le sud de la France.

Estimation de la production solaire

Une estimation de la production moyenne annuelle d'une installation solaire en France orientée sud, avec des panneaux de dernière génération sur micro-onduleur, en supposant une efficacité de 20% :

Nombre de panneaux	Production annuelle (kWh)	Superficie de l'installations (m²)
4	1 360	6,4
8	2 720	12,8
12	4 080	19,2
16	5 440	25,6
20	6 800	32
24	8 160	38,4
28	9 520	44,8
32	10 880	51,2
36	12 240	57,6
40	13 600	64

Il est important de noter que la production annuelle d'énergie peut varier en fonction de divers facteurs tels que l'emplacement, l'orientation, l'angle d'inclinaison, la météo et la qualité des équipements. Ces estimations sont basées sur des données moyennes et peuvent varier d'une installation à l'autre.

Solaire Consommation vs Production

Voici les tableaux de consommation/production pour une maison de référence de 100m2.

Mois	Consommation totale (kWh) - Maison de 100m2	Production (kWh) - 8 panneaux	Production (kWh) - 24 panneaux
Janvier	1574	64	198
Février	1200	87	230
Mars	910	157	480
Avril	751	220	680
Mai	451	374	894
Juin	250	399	978
Juillet	280	471	1142
Août	320	412	1117
Septembre	500	387	984
Octobre	700	274	894
Novembr	1240	142	694
Décembr	1457	74	298
Total	**9633**	**3061**	**8589**

Graphique de la production et de la consommation

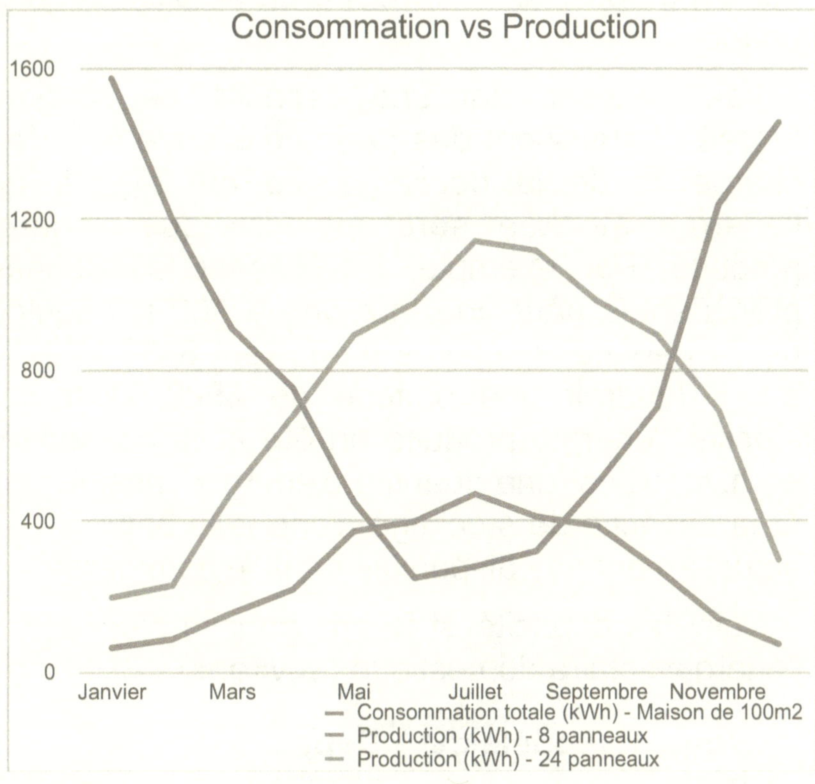

La question du stockage de l'énergie produite par les panneaux solaires pendant l'été pour une utilisation en hiver, est souvent posée. En théorie, cela semble être une solution idéale pour maximiser l'utilisation de l'énergie solaire, mais en pratique, il est très difficile d'y parvenir.

Il faut prendre en compte la variation de la production d'énergie solaire en fonction des saisons. Comme le montre le graphique, la production d'énergie solaire est plus élevée en été qu'en hiver, en raison de la durée d'ensoleillement plus longue et de l'intensité des rayons solaires. Il est donc possible de produire un surplus d'énergie en été.

Les batteries ont une capacité de stockage limitée et subissent des pertes d'énergie lors de la charge et de la décharge, ce qui signifie que l'énergie stockée sera moindre que l'énergie produite. Par exemple, en utilisant les données précédentes pour une maison de 100 m² équipée de 24 panneaux solaires produisant 8589 kWh par an, il faudrait une batterie de **6000 kWh** pour stocker l'énergie produite en été et la consommer en hiver. C'est une quantité d'énergie considérable, et la capacité de stockage d'une telle batterie n'est actuellement pas disponible dans le commerce.

Voici les capacité et le prix pour le stockage de l'énergie solaire domestique (environs) :

Marque et modèle de la batterie	Capacité de stockage (kWh)	Prix (environ)
Tesla Powerwall 2	13,5	8 000 €
LG Chem RESU10H	9,3	7 000 €
Sonnen ecoLinx	20,0	15 000 €
Enphase Encharge	3,4	4 000 €

Noter que ces prix peuvent varier en fonction des pays et des revendeurs, et que le coût d'installation peut également être considéré en plus du prix de la batterie elle-même. De plus, les batteries ont un coût élevé et une durée de vie limitée, ce qui augmente les coûts d'investissement et d'entretien.

Un moyen de gérer cette fluctuation est l'utilisation de systèmes de stockage à grande échelle, tels que les systèmes de pompage turbinage. (Voir chapitre sur les réseaux électrique) Cela permet de stocker l'énergie produite pendant les périodes de faible demande pour une utilisation ultérieure lorsque la demande est plus élevée. Ces systèmes de stockage à grande échelle sont coûteux et ne sont pas accessibles aux particuliers.

La batterie virtuelle

La batterie virtuelle pour les particuliers, le principe de la batterie virtuelle est de stocker l'énergie sur le réseau, l'utilisateur peut vendre l'excès d'énergie produite à un fournisseur d'électricité. En retour, l'utilisateur peut acheter de l'électricité du réseau lorsque la production de leur système solaire domestique est insuffisante. Cette solution permet de maintenir un équilibre entre la production et la demande sans avoir besoin d'une batterie de stockage coûteuse.

Une autre solution pour les particuliers est le rachat de leur propre production. Les fournisseurs d'électricité locaux peuvent offrir un programme de rachat de la production d'énergie solaire domestique. Dans ce cas, l'utilisateur peut vendre toute l'énergie produite à un prix déterminé à l'avance, ce qui peut contribuer à réduire le coût initial de l'installation.

Il est important de développer des solutions de gestion de réseau électrique pour équilibrer la production et la demande d'énergie solaire domestique. Les systèmes de stockage à grande échelle, tels que les systèmes de pompage turbinage, sont des options pour les fournisseurs d'électricité, mais les particuliers peuvent également utiliser des solutions alternatives telles que les batteries virtuelles et le rachat de leur propre production pour réduire les coûts de stockage d'énergie.

Forme	Fournisseur	Prix
Acquisition unique	JPME	De 799€ à 1499€ pour l'acquisition d'une batterie virtuelle
Abonnement mensuel	Urban Solar Energy	1€ HT le kWc installé sans compter les taxes, contributions et
Abonnement mensuel	Mylight Systems (MySmartBattery)	Abonnement mensuel

Les limites de la réinjection d'énergie

La réinjection d'énergie dans le réseau électrique est une pratique courante chez les particuliers équipés de panneaux solaires ou de petites éoliennes. Elle consiste à revendre l'énergie produite en surplus à la compagnie d'électricité. Cette pratique permet aux propriétaires de réduire leur facture d'électricité et de participer à la transition énergétique en produisant de l'énergie verte.

Cependant, la réinjection d'énergie ne peut se faire sans limites. Les compagnies d'électricité doivent s'assurer que l'équilibre du réseau électrique est maintenu à tout moment. Cela implique que la quantité d'énergie produite et réinjectée dans le réseau doit être égale à la quantité d'énergie consommée. Si la quantité d'énergie produite dépasse celle consommée, cela peut entraîner des perturbations sur le réseau électrique, voire des pannes généralisées.

Ainsi, les compagnies d'électricité fixent des limites en puissance pour les installations de production d'énergie renouvelable, afin de maintenir l'équilibre du réseau électrique. Ces limites peuvent varier en fonction de la capacité de production de l'installation, mais aussi en fonction de la demande en énergie sur le réseau.

En France, la limite de réinjection pour une installation monophasée est généralement fixée à 6 kVA. Cela signifie que l'installation photovoltaïque ne peut pas injecter plus de 6 kW sur le réseau électrique à un moment donné. Pour les installations triphasées, la limite de réinjection peut aller jusqu'à 36 kWVA.

La réinjection est l'excédent d'énergie produite par une installation photovoltaïque qui n'a pas été consommée et qui est renvoyée sur le réseau électrique. Prenons l'exemple d'une installation qui produit en instantané 9 kW, avec une consommation de 5 kW. Dans ce cas, la réinjection sera de 4 kW. Cela signifie que si la production de l'installation dépasse la consommation, l'électricité sera injectée dans le réseau mis sur la batterie virtuel ou revendue. Il est important de noter que l'installation d'un système surdimensionné n'est pas nécessaire, car au-delà de 6 kW non utilisés en monophasé, la production est simplement perdue et ne sera pas rémunérée.

En cas de coupure de courant sur le réseau électrique, les installations de production d'énergie renouvelable ne doivent pas continuer à injecter de l'énergie sur le réseau. Cela pourrait entraîner des risques pour la sécurité des personnes travaillant sur le réseau électrique, ainsi que pour le bon fonctionnement des appareils électriques.

La réinjection d'énergie dans le réseau électrique est une pratique avantageuse pour les particuliers produisant de l'énergie renouvelable, mais elle doit se faire dans le respect des limites imposées par les compagnies d'électricité. Les batteries virtuelles offrent une solution pour optimiser l'utilisation de l'énergie produite localement et mieux contrôler les quantités d'énergie réinjectées sur le réseau.

Schéma de montage Panneaux solaire

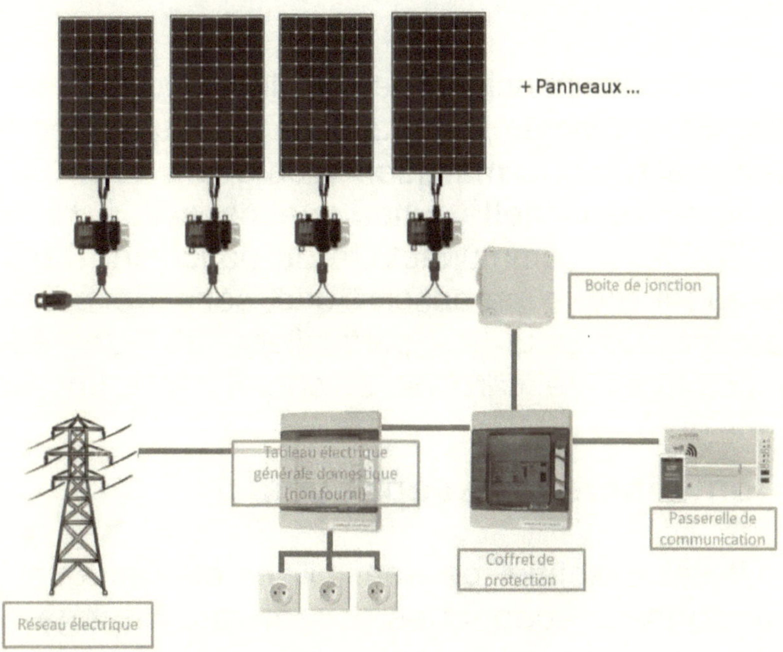

Source : www.myshop-solaire.com

Une installation solaire basée sur des micro-onduleurs consiste à équiper chaque panneau solaire d'un petit onduleur pour convertir individuellement le courant continu en courant alternatif. Les micro-onduleurs sont connectés les uns aux autres et au réseau électrique, permettant ainsi une intégration optimisée de l'énergie solaire produite. Cette configuration améliore l'efficacité globale du système en adaptant la production d'énergie de chaque panneau aux conditions variables d'ensoleillement et d'ombrage.

15. Solutions adaptées à chacun

Le sujet principal de ce livre porte sur les solutions concrètes et pratiques pour lutter contre le réchauffement climatique. Nous avons tous un rôle à jouer dans cette lutte, que ce soit à l'échelle individuelle, communautaire ou nationale. Dans ce chapitre, nous proposons une série de solutions accessibles pour les particuliers, afin de réduire leur empreinte carbone et contribuer à un avenir plus durable.

Convaincre les sceptiques

Il est essentiel de sensibiliser et d'éduquer les personnes sceptiques quant au changement climatique, en soulignant l'importance de préserver notre planète pour les générations futures. Même si certains doutent encore des effets du réchauffement climatique, l'idée fondamentale de laisser notre monde dans un état aussi bon, voire meilleur, que celui dans lequel nous l'avons trouvé devrait être un principe universel.

Les émissions de gaz à effet de serre (GES) modifient l'atmosphère terrestre et contribuent au réchauffement climatique. Pour illustrer ce point, imaginons une situation dans laquelle vous invitez quelqu'un chez vous. Cet invité, après avoir profité de votre hospitalité, laisse tous ses déchets dans votre salon avant de partir. Accepteriez-vous un tel comportement ? La plupart d'entre nous répondraient non. Alors pourquoi accepterions-nous de rejeter des GES dans notre atmosphère, en changeant ainsi l'environnement dans lequel nous vivons ?

Même si certains restent sceptiques face au réchauffement climatique, malgré les preuves scientifiques et les signes de plus en plus évidents, il est de notre responsabilité en tant qu'êtres humains d'éviter de rejeter des GES pour préserver notre planète. Les générations futures, nos enfants et petits-enfants, devraient pouvoir vivre dans un monde sain et stable. Serions-nous prêts à leur expliquer que nous avons contribué à la dégradation de l'atmosphère par notre comportement irresponsable ?

Au-delà des arguments scientifiques et des preuves du changement climatique, il est crucial de s'appuyer sur des valeurs éthiques et morales pour convaincre les sceptiques. La préservation de notre environnement et la réduction de notre impact sur la planète sont des objectifs qui transcendent les opinions politiques ou scientifiques. Adopter des comportements respectueux de l'environnement et favoriser un mode de vie durable sont des choix qui devraient être soutenus par tous, indépendamment de leurs croyances sur le changement climatique.

En fin de compte, nous devrions tous nous efforcer de laisser un héritage positif aux générations futures et de préserver notre planète pour qu'ils puissent profiter des mêmes ressources et de la même qualité de vie que nous. Le respect de l'environnement et l'adoption de pratiques durables sont des actions qui bénéficient à tous, quelles que soient nos convictions sur le réchauffement climatique.

Citoyens

En tant que citoyens, nous avons tous un rôle à jouer dans la lutte contre le réchauffement climatique. Chacun de nous peut contribuer à réduire notre empreinte carbone en adoptant des pratiques plus durables et en modifiant nos habitudes quotidiennes.

Changer son abonnement électrique pour un abonnement bas carbone

Optez pour un fournisseur d'électricité qui privilégie les sources d'énergie renouvelable et/ou faible en émissions de carbone. Cela incite les entreprises à investir davantage dans le développement des énergies vertes.

Réduire sa consommation d'énergie

- Remplacer les ampoules traditionnelles par des LED, plus économes en énergie.

- Régler le chauffage et le chauffe-eau à des températures minimales confortables.

- Installer des dispositifs de domotique pour contrôler et réduire la consommation d'énergie des équipements.

- Éteindre ou diminuer le chauffage des pièces non utilisées au cours de la journée.

Changer son alimentation

- Réduire sa consommation de viande, surtout celle provenant de ruminants comme le bœuf et l'agneau. Cela contribue à diminuer les émissions de méthane et la déforestation liée à l'élevage.

- Manger local pour limiter les émissions liées au transport des marchandises.

- Adapter sa consommation alimentaire à ses besoins, sans excès.

- Lutter contre le gaspillage alimentaire en réutilisant les restes pour de nouveaux plats.

- Choisir des aliments avec moins d'emballage, acheter en grande quantité ou utiliser des contenants réutilisables.

Changer ses modes de transport

- Éviter l'avion autant que possible.

- Opter pour les transports décarbonés (vélo, marche) ou les transports en commun.

- Proposer ou participer à du covoiturage.

- Choisir une voiture moins polluante et de taille adaptée à ses besoins.

- Adopter une conduite éco-responsable (moins rapide, moins agressive)

Mesurez votre empreinte carbone et agissez

Mesurer son empreinte carbone est une première étape essentielle pour comprendre l'impact de ses choix de consommation sur l'environnement et prendre des mesures pour réduire ses émissions de gaz à effet de serre (GES).

Voici une liste de quelques sites internet qui permettent de mesurer son empreinte carbone :

- Quizz Carbone : https://quizanthropocene.fr/quiz/mon-empreinte-carbone.

- Bilan Carbone® : https://www.bilancarbone.com/

- Carbon Footprint™ : https://www.carbonfootprint.com

- Global Footprint Network : https://www.footprintnetwork.org/

- WWF Footprint Calculator : https://footprint.wwf.org.uk/

Adapter son logement

Estimant la consommation moyenne d'une maison de 100m² dans le sud de la France voire chapitre 13 « Répartition de la consommation pour une maison »

On constate que l'impact du chauffage, de la production d'eau chaude et de l'éclairage pèse considérablement dans la consommation d'un logement. En agissant sur ces trois postes de consommation, on peut réduire considérablement notre consommation d'énergie et, par conséquent, réduire les émissions de gaz à effet de serre (GES).

Voici d'autres idées :

- Installer des systèmes de chauffage plus écologiques, comme une pompe à chaleur ou un poêle à bois.

- Installer un chauffe-eau thermodynamique.

- Eclairage LED

- Poser des panneaux solaires pour produire sa propre énergie.

- Utiliser des mousseurs sur les robinets pour réduire sa consommation d'eau.

- Mettre en place un composteur pour valoriser les déchets organiques.

- Installer un récupérateur d'eau de pluie pour arroser le jardin ou laver la voiture.

- Planter des arbres et créer des espaces verts et Participez à des initiatives de reforestation et créez des espaces verts pour favoriser la séquestration du carbone et la biodiversité.

En appliquant ces solutions, chacun peut contribuer à la réduction des émissions de gaz à effet de serre et à la préservation de notre planète.

Chef d'entreprise, dirigeant

Les chefs d'entreprise et dirigeants ont un rôle essentiel à jouer dans la lutte contre le réchauffement climatique. En adoptant des pratiques durables au sein de leurs organisations, ils peuvent avoir un impact significatif sur la réduction des émissions de gaz à effet de serre et la préservation de notre environnement. Voici une liste solutions pratiques adaptées aux chefs d'entreprise et dirigeants, présentées par ordre d'impact sur le climat.

Passer à une énergie renouvelable : Optez pour des sources d'énergie renouvelable, comme l'énergie solaire, éolienne ou hydraulique, pour alimenter votre entreprise.

Amélioration de l'efficacité énergétique des bâtiments : Investissez dans l'isolation, le chauffage et la climatisation écoénergétiques pour vos bureaux et vos entreprises.

Mise en place d'une politique de transport durable : Encouragez l'utilisation des transports en commun, du covoiturage et des véhicules électriques parmi vos employés pour réduire les émissions liées au transport.

Réduction des déchets et recyclage : Mettez en place un programme de gestion des déchets et de recyclage pour minimiser la production de déchets et les émissions liées à leur traitement.

Soutenir une chaîne d'approvisionnement durable : Travaillez avec des fournisseurs qui adoptent des pratiques durables et responsables, et privilégiez les produits locaux et écoénergétiques.

Politique d'achat responsable : Élaborez et mettez en œuvre une politique d'achat responsable, en privilégiant les produits et services durables et en minimisant l'impact environnemental.

Télétravail et réduction des déplacements professionnels : Favorisez le télétravail et les réunions virtuelles pour réduire les déplacements professionnels et les émissions liées au transport.

Formation et sensibilisation des employés : Proposez des formations et des ateliers sur les pratiques durables et la réduction des émissions de GES pour impliquer vos employés dans la démarche.

Utiliser des matériaux durables : Choisissez des matériaux durables et recyclables pour vos produits.

Compensation carbone : Compensez les émissions de gaz à effet de serre de votre entreprise en soutenant des projets de reforestation ou d'énergie renouvelable.

Investissement responsable : Orientez vos investissements vers des entreprises et des projets respectueux de l'environnement et ayant des pratiques durables.

Reporting environnemental : Mettez en place un système de reporting environnemental pour mesurer et communiquer l'impact de votre entreprise sur le climat et suivre les progrès dans la réduction des émissions.

Certification environnementale : Obtenez des certifications environnementales pour votre entreprise, comme ISO 14001 ou LEED, pour démontrer votre engagement envers la durabilité et encourager l'amélioration continue.

Partenariats pour la durabilité : Collaborez avec d'autres entreprises et organisations pour partager les meilleures pratiques, développer des projets conjoints et favoriser l'innovation en matière de durabilité.

En mettant en œuvre ces solutions pratiques, les chefs d'entreprise et dirigeants peuvent jouer un rôle crucial dans la lutte contre le réchauffement climatique. En combinant des efforts à différents niveaux et en engageant les employés, les fournisseurs et les partenaires dans la démarche, les entreprises peuvent contribuer de manière significative à la réduction des émissions de GES et à la préservation de notre planète pour les générations futures.

Influenceurs, acteurs et stars du showbiz

Les influenceurs, stars et acteurs ont un pouvoir considérable pour sensibiliser le public au réchauffement climatique et encourager des comportements plus durables. Leur portée et leur impact sur leurs followers font d'eux des acteurs clés dans la lutte contre le réchauffement climatique. Voici des solutions pratiques adaptées aux influenceurs.

Sensibilisation à grande échelle : Utilisez votre plateforme pour éduquer et sensibiliser votre public aux enjeux du réchauffement climatique et aux comportements durables.

Soutien aux organisations environnementales : Soutenez des organisations non gouvernementales, des projets et des initiatives qui luttent contre le réchauffement climatique et œuvrent pour la protection de l'environnement.

Réduction de l'empreinte carbone personnelle (exemplarité) : Adoptez un mode de vie plus durable en réduisant votre propre empreinte carbone. Partagez vos efforts avec votre public pour inspirer et encourager des changements similaires.

Promotion des produits et services durables : Mettez en avant et soutenez des produits et services durables en collaboration avec des marques éco-responsables, en privilégiant les alternatives respectueuses de l'environnement.

Participation à des événements écologiques : Participez à des événements et des conférences sur le réchauffement climatique et la durabilité pour soutenir la cause et renforcer votre engagement.

Réduction des voyages en avion : Limitez vos voyages en avion et privilégiez les transports moins polluants, comme le train ou les véhicules électriques, pour réduire les émissions liées au transport.

Engager le dialogue avec les décideurs politiques : Utilisez votre influence pour engager le dialogue avec les décideurs politiques et les inciter à prendre des mesures pour lutter contre le réchauffement climatique.

Soutien aux entreprises locales et éthiques : Favorisez et mettez en avant les entreprises locales et éthiques qui adoptent des pratiques respectueuses de l'environnement et contribuent à la lutte contre le réchauffement climatique.

Organisation d'événements et d'initiatives écologiques : Organisez et participez à des événements et initiatives écologiques, comme des nettoyages de plages ou des plantations d'arbres, pour impliquer votre public et soutenir l'environnement.

Encouragement au recyclage et à la réduction des déchets : Promouvez le recyclage et la réduction des déchets auprès de votre public, en partageant des conseils pratiques et en montrant l'exemple.

Transition vers une garde-robe durable :

Optez pour des vêtements éco-responsables, issus de l'économie circulaire ou de marques éthiques, et encouragez votre public à faire de même.

Sensibilisation à la biodiversité et à la conservation : Utilisez votre plateforme pour sensibiliser votre public à l'importance de la biodiversité et de la conservation des espèces et des écosystèmes.

Soutien aux innovations vertes : Soutenez et promouvez des innovations vertes et des technologies émergentes qui contribuent à la réduction des émissions de gaz à effet de serre et à la lutte contre le réchauffement climatique.

En mettant en œuvre ces solutions pratiques, les influenceurs, stars et acteurs peuvent utiliser leur influence pour contribuer à la lutte contre le réchauffement climatique. En partageant leur engagement envers un mode de vie durable et en soutenant des projets et des organisations environnementales, ils peuvent inspirer et encourager leurs followers à adopter des comportements plus respectueux de l'environnement et à prendre part à l'effort collectif pour préserver notre planète pour les générations futures.

Décideurs politiques

Les décideurs politiques, qu'ils soient locaux ou nationaux, ont un rôle essentiel à jouer dans la lutte contre le réchauffement climatique. Ils ont la capacité d'adopter et de mettre en œuvre des politiques et des réglementations visant à réduire les émissions de GES et à promouvoir des pratiques durables. Des solutions pratiques adaptées aux décideurs politiques.

Politiques énergétiques : Mettez en place des politiques favorisant les énergies renouvelables et encourageant l'efficacité énergétique, comme des incitations fiscales pour les énergies vertes et des normes de performance pour les bâtiments.

Transports durables : Développez des infrastructures de transport en commun, favorisez les modes de transport non motorisés et incitez à l'utilisation de véhicules à faibles émissions.

Réglementations sur les émissions industrielles : Mettez en place des réglementations strictes pour réduire les émissions de gaz à effet de serre des industries et encouragez les pratiques respectueuses de l'environnement.

Gestion des déchets : Adoptez des politiques de gestion des déchets efficaces, incluant la réduction, le recyclage, la réutilisation et la valorisation énergétique des déchets.

Planification urbaine : Mettez en œuvre des politiques de planification urbaine favorisant les espaces verts, l'efficacité énergétique et les transports en commun.

Protection et restauration des écosystèmes : Élaborez des politiques pour préserver et restaurer les écosystèmes, comme les forêts, les zones humides et les océans, qui jouent un rôle crucial dans la régulation du climat.

Politiques agricoles durables : Mettez en place des politiques agricoles visant à réduire les émissions de gaz à effet de serre, promouvoir la gestion durable des sols et encourager la biodiversité.

Éducation et sensibilisation : Intégrez l'éducation environnementale dans les programmes scolaires et soutenez des campagnes de sensibilisation pour informer et encourager les citoyens à adopter un mode de vie plus durable.

Fiscalité environnementale : Introduisez des taxes et des incitations fiscales pour encourager les comportements durables et décourager les activités polluantes, telles que les taxes sur les émissions de carbone et les subventions pour les technologies vertes.

Investissements dans la recherche et le développement : Allouez des fonds pour la recherche et le développement de technologies durables et de solutions pour lutter contre le réchauffement climatique.

Adaptation au changement climatique : Mettez en place des politiques et des plans d'action pour aider les communautés à s'adapter aux impacts du changement climatique, comme la montée du niveau de la mer, les événements météorologiques extrêmes et les pénuries d'eau.

Coopération internationale : Travaillez en collaboration avec d'autres pays et organisations internationales pour partager les connaissances, les technologies et les ressources pour lutter contre le réchauffement climatique.

Engagement des entreprises : Mettez en place des politiques pour encourager les entreprises à adopter des pratiques durables et à réduire leurs émissions de gaz à effet de serre, comme la publication d'informations sur leurs performances environnementales.

Préservation de la biodiversité : Élaborez des réglementations et des politiques pour protéger la biodiversité et prévenir la destruction des habitats naturels.

Participation citoyenne : Encouragez la participation citoyenne à la prise de décisions en matière d'environnement et soutenez les initiatives communautaires pour lutter contre le réchauffement climatique.

En mettant en place des politiques et des réglementations efficaces, les décideurs politiques locaux et nationaux peuvent encourager les entreprises, les citoyens et les communautés à adopter des pratiques plus durables et à réduire leurs émissions de gaz à effet de serre, contribuant ainsi à la préservation de notre planète pour les générations futures.

Les petits gestes du quotidien qui peuvent tout changer

Dans notre lutte quotidienne contre le réchauffement climatique, chaque geste compte. Je vous présente des petits gestes simples que vous pouvez adopter pour réduire votre empreinte carbone et contribuer à la réduction des GES.

Réduire, réutiliser, recycler : En adoptant ces trois principes, vous diminuez la demande en ressources naturelles et réduisez la quantité de déchets qui finissent dans les décharges, où ils produisent du méthane.

Éteindre les appareils électriques lorsqu'ils ne sont pas utilisés : cela permet de réduire la consommation d'énergie et d'éviter les émissions de CO_2 liées à la production d'électricité.

Réduire l'utilisation de la climatisation et du chauffage : cela diminue la consommation d'énergie.

Prendre des douches plus courtes : cela économise l'eau et l'énergie nécessaire pour chauffer l'eau.

Utiliser des sacs réutilisables Remplacez les sacs en plastique jetables par des sacs réutilisables pour réduire la consommation de ressources et d'énergie pour la production de plastique.

Composter les déchets alimentaires : cela réduit les émissions de méthane liées à la décomposition des déchets organiques dans les décharges et fournit un engrais naturel pour le jardin.

Utiliser le vélo ou la marche pour les déplacements courts : Privilégiez la marche ou le vélo pour les déplacements courts afin de réduire la consommation de carburant et les émissions de gaz à effet de serre.

Privilégier les produits locaux et de saison : Achetez des fruits et légumes de saison et locaux pour réduire l'énergie nécessaire au transport et au stockage des aliments.

Acheter en vrac : Achetez des produits en vrac pour réduire les emballages et les déchets, ce qui diminue la consommation de ressources et d'énergie pour la production d'emballages.

Éviter les produits jetables : Les produits réutilisables nécessitent moins de ressources et génèrent moins de déchets.

Débrancher les chargeurs et appareils inutilisés : Les chargeurs et autres appareils électriques consomment de l'énergie même lorsqu'ils ne sont pas utilisés. En les débranchant, vous réduisez la consommation d'énergie et les coûts associés.

Privilégier la cuisson au micro-ondes ou à la vapeur : Ces méthodes de cuisson consomment moins d'énergie que la cuisson au four ou sur une plaque de cuisson. De plus, elles préservent davantage les nutriments des aliments.

Faire sécher le linge à l'air libre : Évitez

l'utilisation du sèche-linge et faites sécher votre linge à l'air libre, ce qui permet de réduire la consommation d'énergie et les coûts associés.

Utiliser des multiprises avec interrupteur : Branchez vos appareils électriques sur des multiprises équipées d'un interrupteur, ce qui vous permet de couper facilement l'alimentation de plusieurs appareils en même temps et d'économiser de l'énergie.

Planifier les menus à l'avance : Planifiez vos menus pour la semaine, cela permet de réduire le gaspillage alimentaire et la consommation d'énergie liée à la production et au transport des aliments.

Participer à des ateliers de réparation : Apprenez à réparer et entretenir vos objets et appareils pour prolonger leur durée de vie et réduire la consommation de ressources et d'énergie pour la production de nouveaux produits.

Régler le réfrigérateur et le congélateur à la bonne température : La température idéale pour un réfrigérateur est de 4°C, et celle d'un congélateur est de -18°C. Cela permet d'économiser de l'énergie tout en préservant la qualité des aliments.

Utiliser des prises programmables : Les prises programmables permettent de couper automatiquement l'alimentation des appareils électriques à des heures précises, ce qui réduit la consommation d'énergie en veille.

Laver à l'eau froide : Laver les vêtements à l'eau froide plutôt qu'à l'eau chaude permet d'économiser de l'énergie et de préserver la qualité des textiles.

Utiliser des chargeurs solaires : Utilisez des chargeurs solaires pour recharger vos appareils électroniques, ce qui permet d'économiser de l'énergie.

Utiliser du papier recyclé : Utilisez du papier recyclé pour réduire la consommation de ressources et d'énergie pour la production de papier neuf.

Cultiver un potager : Cultivez vos propres légumes et herbes pour réduire la consommation d'énergie liée au transport et au stockage des aliments.

Choisir des produits durables : Privilégiez les produits durables et de qualité pour réduire la consommation de ressources et d'énergie pour la production, le transport, et la gestion des déchets.

Utiliser des bouteilles d'eau réutilisables ou des gourdes : Remplacez les bouteilles d'eau en plastique jetables par des bouteilles réutilisables pour réduire la consommation de ressources et d'énergie pour la production de plastique.

La tonte mulching: La tonte mulching consiste à broyer l'herbe coupée et à la répandre sur la pelouse en guise de paillis. Cette méthode permet de nourrir naturellement le sol, de retenir l'humidité et de réduire l'évaporation, ce qui diminue la consommation d'eau pour l'arrosage.

Fermer les volets et les rideaux lors de froid ou de chaleur pour économiser de l'énergie : Cette action simple crée une barrière isolante supplémentaire entre l'intérieur et l'extérieur, réduisant la perte de chaleur en hiver et empêchant la chaleur d'entrer en été. Cela diminue la consommation d'énergie pour le chauffage et la climatisation.

Prendre les escaliers pour 1 ou 2 étages : Cette action simple réduit la consommation d'énergie en évitant l'utilisation des ascenseurs.

Se laver les mains à l'eau froide : Cette pratique permet d'économiser l'énergie nécessaire pour chauffer l'eau.

Trier les déchets : Le tri des déchets facilite le recyclage des matériaux, réduisant ainsi la demande en ressources naturelles et diminuant les émissions de gaz à effet de serre liées à l'extraction et à la production de nouveaux matériaux.

Décongeler sans micro-ondes : En laissant les aliments décongeler naturellement à température ambiante ou au réfrigérateur, on réduit la consommation d'énergie liée à l'utilisation du micro-ondes.

Mettre un couvercle sur chaque casserole : Cette action simple permet de réduire le temps de cuisson en conservant la chaleur à l'intérieur, économisant ainsi de l'énergie.

Vérifier l'état de ses pneus de voiture : Une pression adéquate des pneus réduit la résistance au roulement, ce qui améliore l'efficacité énergétique du véhicule et réduit les émissions de gaz à effet de serre.

Numériser plutôt que photocopier ou

imprimer : Cette action permet de réduire la consommation de papier, diminuant ainsi la déforestation et les émissions de gaz à effet de serre associées à la production et au transport du papier.

Louer ou emprunter : Cette pratique permet de partager et de maximiser l'utilisation des biens, réduisant ainsi la production de nouveaux objets et la consommation de ressources. Cela contribue à la réduction des émissions de gaz à effet de serre liées à la fabrication et au transport de ces biens.

Acheter d'occasion : Opter pour des articles de seconde main réduit la demande de production de biens neufs, limitant ainsi les émissions de gaz à effet de serre liées à la fabrication, au transport et à la mise au rebut des produits. Cela contribue à une économie circulaire plus durable.

Éviter les meubles en bois exotiques : Cette action contribue à la protection des forêts tropicales qui sont souvent surexploitées pour le commerce du bois exotique. En préservant ces forêts, on maintient leur capacité à absorber le CO_2 de l'atmosphère, réduisant ainsi l'impact du réchauffement climatique.

Boire l'eau du robinet : Cette action simple réduit la consommation de bouteilles en plastique, diminuant ainsi la production de déchets plastiques et les émissions de CO_2 liées à leur fabrication et transport.

Vendre vos affaires inutiles : Cette action encourage la réutilisation et réduit la demande de production de nouveaux objets, diminuant ainsi les émissions de gaz à effet de serre liées à leur fabrication et leur transport.

Remplacez votre gel douche par du savon : Opter pour du savon solide permet de réduire la consommation de plastique et la production de déchets.

N'achetez que l'essentiel : Cette action consiste à acheter uniquement ce dont nous avons réellement besoin, plutôt que de céder à l'envie d'acheter des produits superflus ou de succomber à la pression de la société de consommation. Cela peut contribuer à réduire la quantité de déchets produits et les émissions de gaz à effet de serre générées lors de la fabrication et du transport des produits. De plus, cela peut encourager les entreprises à adopter des pratiques plus durables en réduisant la demande pour les produits non essentiels.

Utiliser des piles rechargeables : L'utilisation de piles rechargeables réduit considérablement la quantité de déchets électroniques générés, contribuant ainsi à la réduction de la pollution environnementale. Les piles rechargeables peuvent être réutilisées plusieurs fois, évitant ainsi la nécessité d'acheter et de jeter des piles jetables. Cela réduit également la production de piles jetables, qui contiennent souvent des métaux lourds nocifs pour l'environnement.

Adopter le bicarbonate de soude pour le ménage et en cuisine ou en cosmétique : Cette action permet de remplacer les produits ménagers et de soins conventionnels, souvent toxiques pour l'environnement, par une solution naturelle et respectueuse de l'environnement. Le bicarbonate de soude est biodégradable et non toxique, et son utilisation réduit la quantité de produits chimiques nocifs rejetés dans l'environnement, contribuant ainsi à la lutte contre le réchauffement climatique. De plus, le bicarbonate de soude est peu coûteux, ce qui permet de réaliser des économies tout en préservant l'environnement.

Opter pour des vêtements éco-responsables peut aider à réduire la pollution plastique de l'eau, causée en grande partie par les machines à laver. En choisissant des vêtements en coton ou en fibres naturelles, les microfibres qui se détachent lors du lavage sont réduites. Les microfibres se retrouvent généralement dans les eaux usées et finissent dans les mers et les océans, où elles sont ingérées par les poissons. En choisissant des vêtements éco-responsables, nous pouvons contribuer à protéger l'environnement marin et à lutter contre le réchauffement climatique.

Déposer les vieux appareils électroménagers, les piles usagées et les vieux téléphones dans les points de collectes : Cette action permet de réduire les déchets électroniques qui peuvent contenir des métaux lourds et d'autres produits chimiques nocifs pour l'environnement.

Ajouter des boules de graisse pour les oiseaux et aider la nature en général : Cette action simple a pour bénéfice de fournir une source de nourriture supplémentaire pour les oiseaux en hiver, ce qui peut être vital pour leur survie. En aidant les oiseaux, on contribue à préserver l'écosystème et la biodiversité, ce qui à son tour aide à lutter contre le réchauffement climatique en préservant les habitats naturels et en maintenant l'équilibre des écosystèmes.

Les écrans de veille : Les écrans de veille permettent de réduire la consommation d'énergie des ordinateurs lorsqu'ils ne sont pas utilisés pendant une période prolongée.

Coller un "stop-pub" sur sa boîte aux lettres : Cette action simple permet de refuser la réception de publicités non sollicitées, ce qui réduit la production de déchets papier et la consommation de matières premières nécessaires à leur fabrication.

Rapporter ses médicaments périmés chez le pharmacien : Cette action permet de réduire la quantité de médicaments jetés dans les déchets ménagers, ce qui peut contaminer l'eau et les sols avec des produits chimiques nocifs. En rapportant les médicaments périmés chez le pharmacien, ils peuvent être éliminés de manière responsable, évitant ainsi leur impact négatif sur l'environnement et contribuant ainsi à la protection de la biodiversité.

Utiliser des tickets de caisse dématérialisés : Cette action permet de réduire l'utilisation de papier, qui est une source importante de déforestation et d'émission de gaz à effet de serre. Les tickets de caisse dématérialisés sont également plus pratiques, car ils sont stockés dans une application mobile ou envoyés par courrier électronique, évitant ainsi le stockage physique des tickets papier. De plus, cela peut aider les entreprises à réduire leur consommation de papier et les coûts associés à l'impression de tickets.

Chacun de ces gestes du quotidien contribue, à son échelle, à réduire notre empreinte carbone et les émissions de gaz à effet de serre. En adoptant ces comportements, nous pouvons tous participer à la lutte contre le réchauffement climatique et œuvrer ensemble pour un avenir plus durable.

16.Projection dans un avenir éclatant

Tous ensemble, nous avons apporté une contribution significative, et le monde s'améliore progressivement. Découvrez les scénarios d'un monde où les actions positives ont été mises en œuvre, où le réchauffement climatique a été considérablement réduit grâce à nos efforts collectifs.

2033 : Un avenir optimiste

L'humanité a réussi à inverser la tendance du réchauffement climatique grâce à la mise en œuvre des solutions innovantes discutées précédemment. La prise de conscience collective et les efforts mondiaux ont permis d'atteindre des objectifs ambitieux pour un avenir durable.

Les sources d'énergie renouvelable, telles que le solaire, l'éolien, l'hydraulique, la géothermie et la biomasse, ont connu une croissance exponentielle. Les gouvernements et les entreprises ont investi massivement dans la recherche et le développement, ce qui a conduit à des avancées technologiques majeures. Les émissions de gaz à effet de serre ont été considérablement réduites, ralentissant le réchauffement climatique et ses effets dévastateurs.

Les transports sont devenus plus écologiques grâce à l'adoption généralisée de véhicules électriques. Les transports en commun sont devenus plus efficaces, moins polluants et plus accessibles pour tous. Les villes ont été repensées pour encourager la mobilité durable, avec des pistes cyclables et des espaces piétonniers qui ont amélioré la qualité de vie et réduit la pollution.

Les bâtiments à énergie positive sont devenus la norme, générant plus d'énergie qu'ils n'en consomment et réduisant considérablement la demande énergétique globale. Les innovations dans la capture et le stockage du carbone ont permis de transformer les émissions de CO2 en ressources utiles, réduisant ainsi leur impact sur l'environnement. Les enzymes synthétiques ont été développées pour augmenter l'absorption de CO2 par les plantes, contribuant à la lutte contre le changement climatique.

Les conséquences de ces efforts sont palpables. Les événements climatiques extrêmes sont moins fréquents et moins intenses. La biodiversité est en voie de rétablissement grâce aux mesures de préservation des écosystèmes et aux efforts de reforestation. L'acidification des océans a été freinée, permettant aux espèces marines et aux coraux de se régénérer.

L'économie mondiale est florissante, avec des industries durables et éco-responsables qui ont créé des emplois et réduit la pauvreté. La coopération internationale en matière de lutte contre le changement climatique a renforcé la solidarité entre les nations et a conduit à un partage équitable des ressources et des technologies.

L'humanité a su relever le défi du réchauffement climatique en unissant ses forces et en mobilisant les meilleures ressources intellectuelles et technologiques disponibles. En moins de dix ans, les actions concertées des gouvernements, des entreprises et des citoyens ont entraîné un changement radical dans la manière dont nous produisons et consommons l'énergie, ainsi que dans notre approche de la mobilité et de la construction. Les résultats sont sans équivoque : un monde plus propre, plus vert et plus équitable, où la biodiversité et les écosystèmes sont en voie de rétablissement.

2043 : Renaissance

En 2043, le monde a connu une transformation spectaculaire grâce à l'adoption généralisée de solutions durables et innovantes pour lutter contre le changement climatique. Les événements climatiques extrêmes, bien que toujours présents, ont été atténués par une combinaison de politiques ambitieuses, de technologies de pointe et d'un engagement mondial sans précédent pour protéger notre planète.

Les énergies renouvelables, telles que l'énergie solaire, éolienne, hydraulique, géothermique et la biomasse, sont devenues la norme, alimentant la majorité des foyers et des industries à travers le monde. Les centrales solaires spatiales, autrefois considérées comme une idée futuriste, sont désormais une réalité, fournissant une énergie propre et inépuisable à la Terre.

Les voitures électriques et autonomes sont devenues la norme, réduisant considérablement les émissions de gaz à effet de serre et améliorant la qualité de l'air dans les villes. Les transports en commun sont alimentés par des sources d'énergie propre, rendant les trajets quotidiens plus écologiques.

Les bâtiments à énergie positive, équipés de panneaux solaires, d'éoliennes urbaines et de systèmes de récupération d'énergie, sont devenus courants, réduisant la consommation d'énergie et les émissions de gaz à effet de serre. Les villes ont adopté des infrastructures vertes, telles que des toits végétalisés et des murs végétaux, pour absorber le CO_2 et réduire les îlots de chaleur urbains.

Les progrès dans la fusion nucléaire ont permis de produire une énergie abondante et propre. La supraconductivité est devenue une technologie courante, améliorant l'efficacité énergétique dans de nombreux domaines, notamment les transports et la distribution d'énergie.

Dans ce futur optimiste, les efforts concertés des gouvernements, des entreprises et des citoyens du monde entier ont permis de limiter les impacts du changement climatique et d'assurer un avenir durable pour les générations à venir.

Alors que nous traversons cette ère de renaissance écologique, les défis du changement climatique ont été transformés en opportunités pour un monde plus durable et équilibré. En 2043, grâce à une collaboration mondiale sans précédent et à l'adoption de technologies innovantes, nous avons réussi à créer un avenir où les énergies renouvelables alimentent nos vies, les transports sont propres et efficaces, et les villes sont devenues des havres de verdure et de durabilité. Cette histoire n'est pas seulement un rêve lointain, mais une réalité possible si nous continuons à travailler ensemble pour protéger notre planète et assurer la prospérité des générations futures.

2073 : Un futur radieux

Le monde a radicalement changé, devenant un exemple éclatant de durabilité et d'harmonie entre l'homme et la nature. Les technologies ultra-innovantes et les solutions ambitieuses discutées précédemment ont été adoptées à grande échelle, transformant nos sociétés et notre planète pour le mieux.

Les énergies renouvelables, telles que l'énergie solaire, éolienne, hydraulique, géothermique et la biomasse, sont devenues les principales sources d'énergie dans le monde entier. Les centrales solaires spatiales fournissent une énergie propre et abondante. Les réseaux intelligents permettent une gestion efficace et flexible de l'énergie, réduisant les pertes et optimisant l'utilisation des ressources.

La fusion nucléaire, auparavant considérée comme une technologie lointaine, est devenue une réalité. Elle fournit une énergie propre et quasi-illimitée. Les véhicules autonomes, alimentés par des carburants synthétiques et des batteries ultraefficaces, ont révolutionné le transport, réduisant considérablement la pollution de l'air et les embouteillages.

Les bâtiments à énergie positive sont la norme, produisant plus d'énergie qu'ils n'en consomment grâce à des technologies de pointe telles que les matériaux supraconducteurs et les systèmes de gestion de l'énergie intelligents. Les villes sont devenues des oasis de verdure, avec des jardins verticaux et des toits végétalisés qui absorbent le CO2 et améliorent la qualité de l'air.

Les enzymes synthétiques ont été introduites dans les plantes, leur permettant d'absorber davantage de gaz carbonique et de réduire l'effet de serre. Des projets visionnaires, tels que l'injection de soufre dans la stratosphère pour réduire l'énergie que nous recevons du Soleil, ont été menés avec succès, stabilisant le climat et réduisant les événements climatiques extrêmes.

La biodiversité a été préservée et renforcée grâce à des programmes de conservation ambitieux et à la restauration d'écosystèmes endommagés. Les océans sont devenus plus sains, la vie marine florissante, grâce à des efforts concertés pour réduire l'acidification des océans et protéger les habitats marins.

Dans ce monde idyllique, les humains vivent en harmonie avec la nature, conscients de leur responsabilité envers la planète et les générations futures. Les innovations technologiques et la coopération internationale ont permis de surmonter les défis du changement climatique.

Au fil des décennies, notre monde a connu une transformation sans précédent, passant d'un avenir incertain à un futur radieux où l'humanité et la nature coexistent en harmonie. Grâce à des avancées technologiques innovantes, des politiques ambitieuses et une coopération internationale sans faille, nous avons réussi à inverser le cours du changement climatique et à créer un environnement durable pour tous. Dans cette nouvelle ère, nous avons appris à valoriser et préserver notre planète pour les générations futures, tout en profitant des bienfaits d'un monde interconnecté et respectueux de l'environnement.

La réussite de cette transformation est le fruit de la persévérance, de la créativité et de l'engagement de millions de personnes à travers le monde. Ensemble, nous avons prouvé qu'il est possible de surmonter les défis les plus difficiles et de créer un avenir meilleur pour tous.

2123 : Le Renouveau Terrestre

Le monde a réussi à inverser les tendances du changement climatique grâce à l'adoption généralisée de technologies ultra-innovantes et à la coopération internationale. Les émissions de gaz à effet de serre ont été réduites à des niveaux négligeables, permettant à la Terre de retrouver son équilibre climatique. Les énergies fossiles sont désormais reléguées aux livres d'histoire, remplacées par des sources d'énergie propres, durables et inépuisables.

La fusion nucléaire et les centrales solaires spatiales sont devenues les principales sources d'énergie de la planète, fournissant une énergie abondante et propre pour alimenter nos villes, nos industries et nos transports. Les voitures autonomes et électriques sillonnent les rues, tandis que les transports en commun fonctionnent grâce à la supraconductivité et à l'intelligence artificielle, rendant les déplacements rapides, sûrs et écologiques.

La préservation de la nature est devenue aussi importante que les droits de l'homme, et les gouvernements du monde entier ont œuvré ensemble pour protéger et restaurer les écosystèmes. La biodiversité s'est rétablie grâce à des efforts de reforestation et de conservation des habitats naturels, permettant à de nombreuses espèces animales et végétales de prospérer à nouveau.

Les océans ont retrouvé leur santé grâce à des technologies de nettoyage avancées qui ont éliminé les déchets plastiques et les polluants chimiques. L'acidification des océans a été inversée, permettant aux récifs coralliens de se régénérer et aux populations de poissons de se reconstituer.

Les conflits pour l'accès aux ressources naturelles ont disparu, remplacés par une ère de coopération et de partage des technologies. Les populations du monde entier jouissent d'un niveau de vie élevé, avec un accès universel à l'eau potable, à l'éducation et aux soins de santé.

Les gouvernements et les citoyens se sont unis

dans leur engagement envers la durabilité, intégrant l'écologie et le respect de l'environnement dans tous les aspects de la vie quotidienne.

La science et la recherche ont continué à explorer de nouvelles frontières, avec des découvertes révolutionnaires dans tous les domaines.

En 2123, nous célébrons l'aube d'une ère nouvelle pour notre planète. Grâce à la détermination et à la collaboration sans précédent de l'humanité, nous avons réussi à surmonter les défis du changement climatique et à créer un monde plus durable et harmonieux. Les technologies innovantes, la coopération internationale et l'engagement envers la protection de l'environnement ont permis à la Terre de se régénérer et de retrouver son équilibre naturel.

Les générations futures hériteront d'une planète plus saine et prospère, où les ressources sont partagées équitablement, et où la vie, sous toutes ses formes, est respectée et célébrée. Alors que nous continuons à explorer de nouvelles frontières et à repousser les limites de notre compréhension, nous le faisons avec une conscience aiguë de notre responsabilité envers la Terre et les générations à venir. Ensemble, nous avons écrit un nouveau chapitre pour notre histoire, et nous avons prouvé que l'humanité est capable de grandes réalisations lorsqu'elle s'unit pour un objectif commun : protéger et préserver notre précieuse planète.

17. Unir nos efforts pour un avenir

durable

Tout au long de ce livre, nous avons exploré diverses innovations et avancées technologiques qui pourraient jouer un rôle essentiel dans la réduction des émissions de gaz à effet de serre et la lutte contre le changement climatique. Les solutions proposées dans les différents chapitres englobent un large éventail de domaines, tels que l'énergie renouvelable, la mobilité électrique, les bâtiments durables, l'agriculture et les réseaux électriques. Ces solutions, bien que prometteuses, nécessitent encore des recherches, des investissements et des efforts concertés pour être pleinement développées et déployées à grande échelle.

Cependant, la technologie seule ne suffira pas à résoudre le problème du changement climatique. L'action individuelle et collective est tout aussi cruciale pour assurer un avenir durable pour notre planète. Chacun de nous peut contribuer à la réduction des émissions de gaz à effet de serre en adoptant des pratiques plus durables et en soutenant les politiques et les innovations écologiques. Les actions individuelles, telles que la réduction de la consommation d'énergie, le choix des transports en commun ou des véhicules électriques, le recyclage et le soutien aux produits locaux et durables, peuvent avoir un impact significatif lorsqu'elles sont adoptées par un grand nombre de personnes.

De même, la collaboration et la coopération entre les gouvernements, les entreprises, les organisations non gouvernementales et les citoyens sont essentielles pour relever les défis du changement climatique. Les politiques publiques, les investissements dans la recherche et le développement, et les incitations économiques peuvent favoriser l'adoption des technologies propres et la transition vers une économie sobre en carbone. Parallèlement, les entreprises et les industries doivent s'engager à réduire leur empreinte carbone et à adopter des pratiques plus durables pour assurer leur pérennité à long terme.

Enfin, l'avenir de la planète dépend de notre capacité à travailler ensemble, à partager les connaissances et les ressources, et à unir nos efforts pour créer un monde plus vert et plus durable. Les innovations et les solutions présentées dans ce livre ne sont qu'un aperçu des possibilités qui s'offrent à nous pour transformer notre société et notre économie en faveur de l'environnement. Cependant, il est important de se rappeler que le temps presse et que nous devons agir rapidement et de manière déterminée pour protéger notre planète et assurer un avenir sûr et prospère pour les générations futures.

18.Annexes

Les sources et les références utilisé

1. **Groupe d'experts intergouvernemental sur l'évolution du climat (GIEC)**

   - Le GIEC est une source de référence pour les informations sur le changement climatique et les solutions pour lutter contre le réchauffement climatique. Vous pouvez consulter leurs rapports sur leur site officiel : IPCC.

2. **Agence internationale de l'énergie (AIE)**

   - L'AIE publie régulièrement des rapports et des analyses sur les sources d'énergie renouvelable et les politiques énergétiques. Leur site Web est une excellente source d'informations : IEA.

3. **National Renewable Energy Laboratory (NREL)**

   - Le NREL est un laboratoire américain dédié à la recherche sur les énergies renouvelables et l'efficacité énergétique. Ils publient des rapports et des études sur les technologies liées aux énergies renouvelables : NREL.

4. **U.S. Energy Information Administration (EIA)**
   - L'EIA fournit des statistiques et des analyses sur l'énergie aux États-Unis et dans le monde. Leur site Web contient des informations sur les sources d'énergie renouvelable, les politiques énergétiques et les tendances du marché : EIA.

5. **European Environment Agency (EEA)**
   - L'Agence européenne pour l'environnement fournit des informations sur les questions environnementales en Europe, y compris les énergies renouvelables et les politiques climatiques : EEA.

6. **NASA Earth Observatory**
   - La NASA publie régulièrement des informations sur le changement climatique et les observations de la Terre. Leur site Web contient des données et des articles sur le sujet : NASA Climate.

7. **World Meteorological Organization (WMO)**
   - La WMO fournit des informations et des rapports sur le climat mondial et les changements climatiques. Leur site Web est

une source précieuse d'informations à jour : WMO.

8. **Berkeley Earth**
   - Berkeley Earth est une organisation indépendante qui fournit des analyses sur les températures mondiales et les tendances climatiques : Berkeley Earth.

9. **NOAA Climate.gov**
   - La NOAA fournit des informations sur les tendances climatiques, les événements météorologiques extrêmes et les recherches climatiques : NOAA Climate.

10. **Intergovernmental Panel on Climate Change (IPCC)**
    - L'IPCC publie des rapports détaillés sur le climat mondial et les solutions pour atténuer le réchauffement climatique : IPCC.

11. **Global Carbon Project**
    - Fournit des données et des analyses sur les émissions de carbone dans le monde et les flux de carbone : Global Carbon Project.

12. **Wikipedia**

- Informations générales et techniques sur divers sujets liés aux technologies et aux énergies renouvelables :
  - Cellule photovoltaïque : Wikipedia Cellule Photovoltaïque
  - Machine synchrone : Wikipedia Machine Synchrone

13. **Rapports et Études Académiques**

- **Smith, J. & Jones, L.** (2022). "Climate Change and Its Impact on Global Biodiversity". Journal of Environmental Studies, 15(3), 123-145.
- **Brown, P.** (2020). "Renewable Energy: The Path Forward". GreenTech Publications.

14. **Articles et Publications en Ligne**

- **Climate Change Indicators** - UN News. Lien
- **Global Temperature Report for 2023 -** Berkeley Earth. Lien

15. **IA ChatGPT de OpenAI**

- Basée sur une vaste base de données d'informations collectées à partir de diverses sources, notamment des livres, des articles de recherche, des sites Web et des sources d'actualités : ChatGPT

Termes Techniques

1.**Gaz à Effet de Serre (GES)** : Quantité de gaz produits par les activités humaines qui contribuent au réchauffement climatique, incluant le dioxyde de carbone (CO_2), le méthane (CH_4), le protoxyde d'azote (N_2O), et les gaz fluorés.

2.**Énergie renouvelable** : Source d'énergie qui se renouvelle naturellement et qui ne s'épuise pas, telles que l'énergie solaire, éolienne, hydraulique, géothermique et biomasse.

3.**Énergie fossile** : Source d'énergie non renouvelable, formée à partir de restes d'êtres vivants enfouis sous la terre pendant des millions d'années, comme le pétrole, le gaz naturel et le charbon.

4.**Énergie nucléaire** : Source d'énergie produite à partir de la fission des atomes d'uranium ou de plutonium dans des réacteurs nucléaires.

5.**Énergie solaire** : Énergie produite à partir des rayons du soleil, convertie en électricité ou en chaleur à l'aide de panneaux photovoltaïques ou de systèmes solaires thermiques.

6.**Énergie éolienne** : Énergie produite à partir du mouvement de l'air (vent) capté par des éoliennes.

7.**Énergie hydraulique** : Énergie produite à partir de la force de l'eau, généralement par des barrages hydroélectriques ou des systèmes de turbines marémotrices.

8.**Énergie géothermique** : Énergie produite à partir de la chaleur de la terre, exploitée par des centrales géothermiques.

9.**Batterie** : Dispositif permettant de stocker de l'énergie électrique pour une utilisation ultérieure.

10.**Tarification du carbone** : Système qui impose un coût sur les émissions de gaz à effet de serre pour inciter à la réduction de ces émissions, par des taxes carbone ou des systèmes de plafonnement et d'échange.

11.**Adaptation au changement climatique** : Ensemble de mesures prises pour faire face aux conséquences inévitables du réchauffement climatique, telles que l'aménagement des infrastructures, la gestion des ressources en eau, et la protection des écosystèmes.

12.**Risques climatiques** : Événements météorologiques extrêmes tels que les inondations, les tempêtes, les vagues de chaleur, les sécheresses et les incendies de forêt.

13.**Stockage de l'énergie** : Processus de stockage de l'énergie produite pour une utilisation ultérieure, incluant les batteries, les volants d'inertie, les pompes-turbinages et les systèmes d'air comprimé.

14.**Batterie virtuelle** : Système qui permet le stockage d'énergie à un réseau et de les contrôler comme s'ils étaient une seule batterie.

15.**Réinjection** : Retour de l'énergie produite et non consommée au réseau électrique.

16.**Surdimensionnement** : Installation de panneaux solaires ou d'autres systèmes de production d'énergie ayant une capacité de production supérieure aux besoins de la consommation d'énergie.

17.**Écosystèmes naturels** : Communautés d'organismes vivants interagissant avec leur environnement physique dans un espace donné.

18.**Biodiversité** : Variété de la vie sur Terre, englobant la diversité des espèces, des gènes et des écosystèmes.

19.**Acidification des océans** : Processus par lequel les océans absorbent du CO_2 de l'atmosphère, augmentant ainsi leur acidité, ce qui affecte la vie marine.

20.**Captage et stockage du carbone (CSC)** : Technologies utilisées pour capturer et stocker le CO_2 produit par les centrales électriques et autres installations industrielles.

21.Neutralité carbone : Équilibre entre les émissions de carbone et son absorption par les puits de carbone, pour atteindre zéro émission nette.

23. **Transports en commun** : Systèmes de transport collectif comme les bus, trains, tramways, utilisés pour réduire les émissions de GES en diminuant le nombre de véhicules sur la route.

24. **Biocarburants** : Carburants produits à partir de biomasse, comme l'éthanol et le biodiesel, utilisés comme alternatives aux carburants fossiles.

25. **Pompes à chaleur (PAC)** : Dispositifs qui transfèrent la chaleur d'un milieu à un autre pour chauffer ou refroidir des bâtiments de manière efficace.

26. **Micro-onduleurs** : Petits onduleurs utilisés dans les systèmes photovoltaïques pour convertir le courant continu (DC) produit par chaque panneau solaire en courant alternatif (AC).

27. **Construction passive** : Techniques de construction visant à maximiser l'efficacité énergétique des bâtiments par l'isolation, la ventilation et l'utilisation de l'énergie solaire passive.

28. **Gaz fluorés** : Ensemble de gaz industriels utilisés dans diverses applications, tels que les hydrofluorocarbures (HFC), les perfluorocarbures (PFC) et l'hexafluorure de soufre (SF6), ayant un potentiel de réchauffement climatique très élevé.

30. **Scénarios climatiques** : Projections des futurs états du climat basées sur différents scénarios d'émissions de GES et de politiques climatiques.

Acronymes

1. AIE : Agence internationale de l'énergie

2. CO2 : Dioxyde de carbone

3. EEA : European Environment Agency (Agence européenne pour l'environnement)

4. EIA : U.S. Energy Information Administration

5. GIEC : Groupe d'experts intergouvernemental sur l'évolution du climat

6. GPS : Global Positioning System

7. IA : Intelligence artificielle

8. kWh : Kilowattheure

9. NREL : National Renewable Energy Laboratory

10. ONG : Organisation non gouvernementale

11. GES : Gaz à effet de serre

12. VAE : Vélo à Assistance Électrique

13. CSC : Captage et stockage du carbone

14. PAC : Pompes à chaleur

15. PPA : Power Purchase Agreement (Accord d'Achat d'Énergie)

16. RSE : Responsabilité Sociétale des Entreprises

17. BIPV : Building Integrated Photovoltaics (Photovoltaïque intégré au bâtiment)

18. IEA : International Energy Agency (Agence internationale de l'énergie)

19. IPCC : Intergovernmental Panel on Climate Change (Groupe d'experts intergouvernemental sur l'évolution du climat)

20. UNFCCC : United Nations Framework Convention on Climate Change (Convention-cadre des Nations Unies sur les changements climatiques)

21. WMO : World Meteorological Organization (Organisation météorologique mondiale)